Ihre Rechte
auf Reisen

Worauf es beim Buchen ankommt

Was Versicherungen bringen

Geld zurück bei Reisemängeln

Verein für Konsumenteninformation
Helga Schimmer

Ihre Rechte auf Reisen

Impressum

Herausgeber
Verein für Konsumenteninformation (VKI)
Mariahilfer Straße 81, A-1060 Wien
ZVR-Zahl 389759993
Tel. 01 588 77-0, Fax 01 588 77-73, E-Mail: konsument@vki.at
www.konsument.at

Geschäftsführer
Ing. Franz Floss

Autorin
Mag. Helga Schimmer

Fachliche Beratung
Dr. Peter Kolba

Lektorat
Dr. Elisabeth Spanlang

Produktion
Günter Hoy
Harald Sedlak (DTP)

Grafische Gestaltung und Umschlag
Erwin Haberl

Foto Umschlag
iStockphoto_egdigital, kickers/
Fotomontage: Erwin Haberl

Druck
Holzhausen Druck & Medien
Ges.m.b.H., 1140 Wien

Stand
November 2008

Einzelbestellung VKI
Konsument, Kundenservice
Mariahilfer Straße 81, A-1060 Wien
Tel. 01 588 774, Fax 01 588 77-72
E-Mail: kundenservice@konsument.at

Bibliografische Information Der Deutschen Bibliothek
Die Deutsche Bibliothek verzeichnet diese Publikation in der Deutschen Nationalbibliografie; detaillierte bibliografische Daten sind im Internet über <http://dnb.ddb.de> abrufbar.

Verein für
Konsumenteninformation
ISBN 978-3-902273-79-6

€ 14,90

Zu diesem Buch

Liebe Leser!

Die Urlaubstage sind meist knapp bemessen, der Urlaub soll daher für viele „die schönste Zeit" des Jahres werden. Noch im Winter kann man in den Sommerprospekten der Reiseveranstalter – bei Minusgraden – Traumstrände Revue passieren lassen. Rabatte verlocken zum Frühbuchen. Die Vorfreude steigt von Monat zu Monat. Daher ist die Enttäuschung groß, wenn man dann vor Ort – wegen Überbuchung – ein anderes Quartier zugewiesen bekommt und sich der Traumsandstrand als raue Felsküste entpuppt. Wird man dann mit seiner Beschwerde noch dazu nicht ernst genommen, verdrängt der Ärger oft den Erholungswert des Urlaubs.

Lassen Sie es nicht so weit kommen! Wir zeigen Ihnen, was Sie bei der Planung einer Reise berücksichtigen sollten, woran Sie beim Aufbruch in die Ferien denken müssen und welche Rechte Sie als Reisender haben. Denn wer seine Rechte kennt, kann im Fall der Fälle erfolgreicher für diese eintreten. Doch bewahren Sie auch dabei kühlen Kopf: Oft ist ein Weniger an Emotion ein Mehr an Durchsetzungskraft, ein durchdachter Brief vernünftiger als eine Kanonade an persönlichen Vorwürfen.

Reisende haben viele gute Rechte. Doch wenn die Unternehmer diesen nicht nachkommen, bleibt nur der Weg zu Gericht. Und der kann teuer werden. Wenn man etwa 1000 Euro gerichtlich geltend macht, dann muss man mit einem Kostenrisiko von 10.000 Euro und mehr rechnen. Wer eine Rechtschutzversicherung hat, bei dem übernimmt die Versicherung dieses Risiko. Wer keine hat, wird es sich in der Regel mehrmals überlegen, ob sich dieses Risiko lohnt.

Zu guter Letzt sei aber daran erinnert: Ziel des Urlaubs ist in der Regel die Erholung und nicht der Streit. Daher mag es in manchen Fällen ratsam sein, „ein Auge zuzudrücken" und sich den Urlaub durch kleine Pannen nicht verderben zu lassen.

Dr. Peter Kolba
Leiter Bereich Recht
Verein für Konsumenteninformation (VKI)

Inhalt

Vor Urlaubsantritt 9

Die Ferien planen 10

So gelingt der Urlaub 11

Dokumente prüfen 12

Die Urlaubsbuchung 13

Reiseversicherungen 20

Und daheim? 26

Die Flugreise 29

Mit dem Flieger in die Ferien 30

Die EU-Fluggastrechte-Verordnung 31

Ihre Rechte im Überblick 44

Die Tücken des Fliegens 45

Crossticketing 50

Gepäcksprobleme 50

Wie Fluggepäck beschaffen sein muss 53

Die Autoreise 57

Gut versichert 58

Die Grüne Versicherungskarte 58

Die Reisekaskoversicherung 59

Ein Unfall im Ausland 60

Was tun, wenn's kracht? 60

Unterwegs mit dem Mietwagen 61

Geld sparen durch Preisvergleich 62

Was unbedingt ins Auto gehört 64

Die Pauschalreise 67

Wenn das Reisebüro vermittelt 68

Dichtung im Prospekt, Wahrheit am Strand 69

Frühbucher – Bonus oder Malus? 73

Nicht ohne Sicherungsschein 74

Einseitige Preis- und Leistungsänderungen 76

Umbuchungswünsche 78

Urlaub im Sonderangebot 78

Die Tücken von Maturareisen 79

Reklamation bei Reisemängeln 80

Das können Sie vor Ort und zu Hause tun 81

Frankfurter Liste zur Reisepreisminderung 82

Ihre Rechte im Überblick 88

Schmerzensgeld und Schadenersatz 90

Der Urlaub als Sicherheitsrisiko 91

Wann ein kostenloses Rücktrittsrecht besteht 92

95 Urlaub und Gesundheit

96 Bei Krankheit versichert
96 Wann und wo die e-card schützt
99 Private Reisekrankenversicherung
102 Rechtzeitig vorsorgen
103 Maßgeschneiderter Impfschutz
106 Fit auf Reisen
106 Gefahren von Langstreckenflügen
108 Mittel gegen die Reisekrankheit
110 Krank in der Fremde
111 Ärzte und Krankenhäuser im Ausland
112 Macht Urlaub krank?
115 Das gehört in die Reiseapotheke

117 Andere Länder, andere Sitten

118 Kleiner Auslandsknigge
118 Zeichensprache
119 Trinkgeld – gewusst wie
121 Strafrecht in Urlaubsländern

123 Service

124 Adressen
134 Stichwortverzeichnis

Vor Urlaubsantritt

Damit die Ferien gelingen

Den Urlaub buchen

Reiseversicherungen

Die Ferien planen

Von den Tücken einer Internet-Buchung über den Nutzen von Reiseversicherungen bis zu den Vorsorgemaßnahmen für die Sicherheit Ihres Zuhauses – in diesem Kapitel erfahren Sie alles Wesentliche, worauf Sie bereits vor Ihrer Reise achten sollten. In der Planungsphase ebenso wichtig ist es aber auch, sich seine Erwartungen an die wohlverdienten Ferien bewusst zu machen. Darum haben wir Denkanstöße für einen gelungenen Urlaub an den Beginn gestellt.

Allein an der Frage nach dem Urlaubsziel entzünden sich in vielen Familien alljährlich hitzige Debatten wie z.B. diese: Während Papa sich am liebsten in südlicher Sonne aalen würde, will Mama endlich einmal kornische Klippen erklimmen, wohingegen die Sprösslinge auf Indianercampen im alpenländischen Feriendorf bestehen. Wie solch unterschiedliche Wünsche unter einen Hut bringen? Und zwar ohne zermürbende Streitereien, faule Kompromisse und vorprogrammierte Enttäuschungen?

Bedürfnisse erkennen

Die Kenntnis der eigenen Erwartungen bringt Harmonie.

Der Schlüssel für eine praktikable Lösung liegt in den eigenen Erwartungen. Nur wer sie kennt, kann gegebenenfalls aus Gemeinschaftssinn oder um des Friedens willen auch einmal auf die Erfüllung seiner Wünsche verzichten. Problematisch wird es dann, wenn einige Mitreisende gar nicht so genau wissen, was sie eigentlich wollen, oder zu hohe Ansprüche an den Urlaub stellen. Unverfälschte Naturerlebnisse und Top-Komfort, pulsierendes Highlife und Erholung pur sind nun einmal unvereinbar.

Seine wahren Bedürfnisse zu erkennen ist jedoch ein längerfristiger Prozess. Dafür genügt es nicht, einen Reisekatalog mit den unterschiedlichsten Angeboten durchzublättern. Psychologen empfehlen, die tägliche Freizeit nicht andauernd mit Aktivitäten vollzustopfen, sondern auch immer wieder absichtlich Langeweile auszuhalten. Denn danach stellt sich die Muße ein, und mit ihr die ureigenen Sehnsüchte.

So gelingt der Urlaub

Geht man ins Badehaus, muss man mit Lärm, Spritzen und Stoßen rechnen, meinte sinngemäß der altgriechische Philosoph Epiktet. Übertragen auf zeitgemäße Urlaubsgestaltung könnte man sagen: Ob man zufrieden ist, hängt auch von der inneren Einstellung ab. Testen Sie sich selbst, indem Sie die folgenden fünf provokanten Fragen beantworten.

1. Darf ich im Urlaub stinken?

Vielleicht gehören Sie zu den Menschen, die sich vor den Wäschebergen nach einer längeren Reise fürchten. Sie können die Arbeit minimieren, indem Sie deutlich weniger einpacken. Schrauben Sie die Ansprüche an sich selbst zurück und ziehen Sie ein T-Shirt öfter an. Niemand schreibt Ihnen vor, dass Sie im Urlaub picobello gekleidet sein müssen. Alternative: ein Quartier mit Waschmaschine buchen.

Zu hohe Ansprüche an sich selbst vermeiden.

2. Darf ich im Urlaub streiten?

Friede, Freude, Eierkuchen, und das zwei Wochen lang – schließlich haben sich in den Ferien alle Familienmitglieder glücklich zu fühlen. Höchstwahrscheinlich wird nichts aus der ungetrübten Harmonie, denn mehrere Menschen mit verschiedenen Interessen, die plötzlich in einem Ausmaß zusammen sind wie sonst nie, können nicht völlig ohne Konflikt auskommen. Auf welche Weise der Streit ausgetragen wird, ist freilich wiederum eine Frage der Verhandlungskultur.

3. Darf ich allein verreisen?

Der Mann will zum Segeltörn nach Dänemark, die Frau zur Besichtigungstour nach Spanien, die Kinder ins Ferienlager nach Kärnten. Was spricht dagegen, dass man einander Vergnügen vergönnt? Getrennt verreisen ist ein Zeichen von Reife, eine Geste des gegenseitigen Anerkennens. Urlaubsplanung kann auch zu dem Ergebnis gelangen, dass die Freizeitbedürfnisse der einzelnen Reisenden so verschieden sind, dass sie sich schwer vereinbaren lassen.

4. Darf ich etwas auslassen?

Fragt Müller: „Wie war der Urlaub?" Sagt Maier: „Keine Ahnung, die Fotos sind noch nicht entwickelt." Der alte Witz spiegelt etwas von der Haltung wider, alles Gebotene auskosten zu müssen. Da wird jede Sehenswürdigkeit abgegrast, jede sportliche Aktivität mitgemacht, jedes Gericht am Buffet probiert und für die Daheimgebliebenen selbstverständlich alles auf Video dokumentiert. Urlaub fürs soziale Prestige – ein echter Erholungskiller.

Der Zwang, alles auskosten zu müssen, ist ein Erholungskiller.

5. Muss ich mich aufregen?

Es gibt keine Absicherung gegen Ereignisse, die im Urlaub eintreten können. Selbst bei groben Mängeln sind lediglich eine Schadensbegrenzung und eine persönliche Wiedergutmachung im Nachhinein möglich. Ein wenig Besonnenheit kann sehr hilfreich sein. Legen Sie sich eine Strategie zurecht, wie Sie beim Auftreten von Fehlern reagieren. Wer seinen Ärger in Gelassenheit verwandeln kann, wird dennoch schöne Seiten an seinem Urlaub entdecken.

Apropos schöne Seiten: Damit Sie Ihr Urlaubsfeeling in den Alltag hinüberretten und die Erholung länger anhält, schwelgen Sie ruhig öfters in den angenehmen Erinnerungen. Holen Sie sich z.B. in der Mittagspause die großartige Bergkulisse vors geistige Auge, hören Sie per MP3-Player ein paar Takte Meeresrauschen oder lassen Sie sich abends ein Gericht aus der Urlaubsgegend schmecken. Und am Computer als Desktop-Hintergrund ein fotografisch festgehaltenes Reiseerlebnis versetzt Sie täglich gleich zu Arbeitsbeginn in positive Stimmung.

Dokumente prüfen

Es passiert gar nicht so selten: Da stehen inmitten des Hauptferientrubels Großeltern mit ihren Enkeln in der Abflughalle des Airports und sind verzweifelt, weil die Kinder keinen eigenen Reisepass besitzen. Die lieben Kleinen tragen auch weder einen Führerschein noch ein anderes Ausweispapier bei sich, welches das rasche Ausstellen eines kurzzeitig gültigen Notpasses ermöglichen würde. Wer nun denkt, Oma und Opa hätten eben nicht auf den Reisepass des Elternteils vergessen dürfen, in dem das Kind eingetragen ist, unterliegt gleichfalls einem Irrglauben, denn Kinder dürfen nur mit dem Inhaber jenes Passes ein- und ausreisen. Auslandsaufenthalte mit anderen Begleitpersonen als den Eltern erfordern einen eigenen Kinderreisepass.

Reisepass oder gültiger Personalausweis sind auch in Schengen-Staaten Pflicht.

Werfen Sie vorausschauend auch auf Ihre eigenen Reisedokumente ein Auge. Ach, Sie fliegen ohnehin in einen Schengen-Staat, da wird doch nicht kontrolliert? Leider wieder falsch, denn Reisende müssen sich sowohl in Staaten mit als auch in Staaten ohne Schengenabkommen immer und überall mit Reisepass oder gültigem Personalausweis ausweisen können. Der nationale Führerschein reicht dafür nicht aus. Beim Grenzübertritt in einen EU-Staat außerhalb des Schengenraums (z.B. Großbritannien, Irland) müssen Sie jedes Mal einen gültigen Pass vorweisen. Und wer in Europa mit Hund oder Katze verreist, braucht den EU-Heimtierausweis.

Als weiteres Hindernis können sich die Beförderungsbedingungen einiger Billig-Fluglinien entpuppen: Zwar darf für einen Urlaub in manchen EU-Ländern wie etwa Deutschland, Italien und Slowenien der Reisepass bis zu fünf Jahre abgelaufen sein, die Airlines behalten sich aber oft vor, diesen Passagieren die Beförderung zu verweigern. Wir empfehlen daher, ausnahmslos jede Auslandsreise mit gültigem Pass oder Personalausweis anzutreten und sich rechtzeitig über die Einreisebedingungen ins Urlaubsland zu informieren. Eine gute Übersicht bietet die Länderinformation auf der Website des österreichischen Außenministeriums (www.bmeia.at, rechte Navigationsspalte).

Die Urlaubsbuchung

Bücher, Theaterkarten, Unterhaltungselektronik – heutzutage kann man schon fast alles per Mausklick bestellen und kaufen.

Auch bei den Urlaubsvorbereitungen ist das World Wide Web nicht mehr wegzudenken. Zunehmend planen Konsumenten ihre Reisen mit Hilfe von Online-Informationen und buchen auch über das Internet. Dabei ist die bloße Flug- oder Hotelreservierung genauso möglich wie der Erwerb eines vollständigen Urlaubspaketes. Damit Ihre Erholungsinsel aber nicht zur Problemzone wird, sollten Sie sich die Tücken eines virtuellen Angebotes bewusst machen. Denn schon ein einziger Mausklick genügt, und ein real wirksamer Vertrag ist zustande gekommen.

Individualreisende sind gegenüber Pauschalreisenden rechtlich schlechter gestellt.

Solange während der Reise alles gut geht, werden Sie keinen Unterschied zwischen einer Pauschal- und einer Individualreise bemerken. Sollte Ihr Traumurlaub sich jedoch zum Albtraum entwickeln, stellen Sie mit Sicherheit fest, dass Pauschalreisende gegenüber Individualreisenden in Rechtsangelegenheiten besser gestellt sind. Grund dafür ist die EU-Pauschalreiserichtlinie, die – als Pauschalreisen boomten und Beanstandungen zunahmen – zum Schutz der Verbraucher verabschiedet wurde. So müssen sich z.B. Veranstalter von Pauschalreisen gegen eine Pleite absichern. Für Kunden, die durch einen ausländischen Reiseveranstalter geschädigt wurden, besteht die Möglichkeit zur Rechtsdurchsetzung von Österreich aus.

Mittlerweile folgt man aber auch im Urlaub immer stärker dem Trend zur Individualisierung. Die Gesetzgebung hinkt da

Pauschal- oder Individualreise?

Bei einer Pauschalreise kaufen Sie mehrere Dienstleistungen als Komplettangebot bei einem einzigen Veranstalter. Bei einer Individualreise hingegen tätigen Sie Geschäfte mit verschiedenen Firmen, z.B. einer Fluggesellschaft, einem Beherbergungsbetrieb oder einem Mietwagenunternehmen. Achtung: Auch das sogenannte dynamic packaging, bei dem mehrere Reisebausteine zu einem persönlichen Arrangement zusammengestellt werden, fällt in der Regel unter den rechtlichen Begriff Individualreise.

Im Paket

BEISPIEL

Herr und Frau Sommer entscheiden sich für ein Pauschalarrangement aus einem Reisekatalog, das Flug, Transfer und Hotelunterbringung auf Teneriffa beinhaltet, und buchen in einem österreichischen Reisebüro. Sie erhalten eine schriftliche und verbindliche Buchungsbestätigung. Treten Schwierigkeiten auf, wenden sie sich an den Reiseveranstalter (Details dazu ► Seite 68 ff.).

leider hinterher, und so haben etwa Mieter von Ferienwohnungen oder -häusern im Ausland derzeit keine Absicherungen wie bei Pauschalreisen. Meldungen aus Brüssel zufolge soll sich das bald ändern: Die EU plant, die Rechte von Individualreisenden an jene von Pauschaltouristen anzugleichen.

Bis eine solche Rechtsvorschrift tatsächlich greift, wollen wir Sie natürlich nicht von Ihrer Urlaubsgestaltung abbringen. Eine Warnung sei jedoch gestattet: Die Wahrscheinlichkeit ist hoch, dass bei einer individuellen Buchung ausländisches Recht und ein ausländischer Gerichtsstand zur Anwendung kommen. Auch die auf dem europäischen Binnenmarkt verbindlichen Bestimmungen zum Schutz der Konsumenten gelten in vielen beliebten Urlaubsdestinationen wie der Türkei oder Thailand nicht.

Individuell im Ausland

BEISPIEL

Frau Lustig reserviert ein Zimmer direkt in einem slowenischen Hotel. Will sie stornieren, verspätet sich ihre Ankunft oder muss sie vorzeitig abreisen, kommt das Hotelreglement des Gastlandes zum Tragen. Auch Herr Schön, der seinen Flug nach New York bei einer US-amerikanischen Airline bucht, muss bei Problemen mit dem Recht jenes Landes rechnen, wo das Unternehmen beheimatet ist und im Streitfall auch dort klagen. Ein solches Unterfangen ist freilich noch viel riskanter und teurer als im Inland, sodass man normalerweise seine Rechte kaum durchsetzen wird. Besondere Vorsicht ist geboten, wenn Sie bei Privatpersonen buchen, denn allfällige Sondernormen für Verbrauchergeschäfte sind hierbei in der Regel nicht anwendbar.

Keine kostenfreie Stornierung bei Schneemangel.

Übrigens: Bei Schneemangel in einem Skigebiet ist in der Regel eine kostenfreie Stornierung nicht möglich, es sei denn, der Quartiergeber hat Ihnen bei der Buchung eine Schneegarantie gegeben. Weil das sehr selten vorkommt, appellieren Sie, wenn Sie Ihren Winterurlaub nicht an aperen Hängen verbringen möchten, am besten an die Kulanz des Unternehmers: Vielleicht ist er kreativ genug und bietet Ihnen eine Umbuchung auf den Sommer an.

Individuell im Inland

BEISPIEL

Familie Winter bucht ihren Schiurlaub direkt bei einem Hotel im Salzburger Land und reist mit dem eigenen Auto an. Hierbei gelten die Allgemeinen Geschäftsbedingungen (AGB) für die Hotellerie, auch Österreichisches Hotelreglement genannt. Dort ist z.B. die Verrechnung von Stornogebühren wie folgt geregelt:

- bis ein Monat vor dem Ankunftstag 40 Prozent vom Gesamtpreis
- bis eine Woche vor dem Ankunftstag 70 Prozent vom Gesamtpreis
- in der letzten Woche vor dem Ankunftstag 90 Prozent vom Gesamtpreis

Diese Vereinbarung der AGB ist nicht unabänderlich, denn der Unternehmer muss sich alles anrechnen lassen, was er sich durch die Stornierung erspart oder durch eine Ersatzbuchung einnimmt. Im Streitfall haben Verbraucher die Möglichkeit, eine Reduzierung der Stornogebühr gerichtlich zu erwirken. Doch Familie Winter braucht es dazu erst gar nicht kommen zu lassen: Mit etwas Verhandlungsgeschick kann sie eine allfällige Stornogebühr durchaus verringern.

Darauf sollten Sie beim Online-Buchen achten

Vertragspartner ausfindig machen. Der erste Anschein kann trügen: Viele Reiseportale im Internet sind wie das Reisebüro vor Ort lediglich Vermittler. Sie müssen zwar ihre Website korrekt gestalten und ihre Partner sorgfältig auswählen, haften aber nicht für die ordnungsgemäße Erbringung der Reiseleistung. Das heißt, Sie schließen Ihren Vertrag nicht mit dem Betreiber des Reiseportals, sondern mit einem dahinter stehenden Reiseveranstalter oder direkt mit einem Leistungserbringer (z.B. einem Hotelinhaber oder einer Fluggesellschaft).

Selbst jene Reiseportale, die bisher auf Pauschalreisen spezialisiert waren, bedienen dem Trend folgend inzwischen auch Individualtouristen, bei welchen die Pauschalreiserichtlinie nicht zur Anwendung kommt. Auch wenn Sie ein Auto bei einer Mietwagenkette buchen, die eine Niederlassung in Österreich hat, kann bei Direktbuchung Ihr Vertrag mit einem ausländischen Franchisenehmer und nach ausländischem Recht zustande kommen. Bringen Sie deshalb stets vor der Buchung in Erfahrung, wer als Vertragspartner auftritt, denn er ist im Reklamationsfall Ihr Ansprechpartner.

Vorsicht bei Internetanbietern, die nur Handynummer und Postfach angeben.

Seriöse Anbieter erkennen. Ehrliche Geschäftsleute haben auch im E-Business nichts zu verbergen. Sie stellen, leicht auffindbar für jedermann, auf der Startseite oder am Beginn ihrer Allgemeinen Geschäftsbedingungen ihre vermittelnde Rolle klar. Ein zuverlässiger Veranstalter oder Leistungserbringer gibt von sich aus seinen vollständigen Namen und seine Kontaktdaten bekannt. Finden Sie anstatt eines Festnetzanschlusses nur eine Handynummer vor, ist Vorsicht geboten. Und von Buchungen bei Firmen, die anstatt einer Anschrift nur ein Postfach anführen, sollten Sie grundsätzlich die Finger lassen.

Unverbindliche Anfrage. Möchten Sie nicht gleich buchen, sondern zunächst nur die Verfügbarkeit eines Angebotes erfragen oder Details und mögliche Sonderwünsche abklären, dann verwenden Sie dafür sicherheitshalber nicht das Online-Buchungsformular, sondern ein herkömmliches E-Mail. Daraus, wie prompt, wie detailliert und wie höflich ein Anbieter antwortet, lassen sich ebenfalls gewisse Rückschlüsse auf dessen Seriosität und Kundenservice im Reklamationsfall ziehen.

Keine Rücktrittsmöglichkeit. Für alle Arten von Online-Buchungen von Freizeitleistungen gilt: Ein einziger Mausklick verwandelt ein virtuelles Angebot in einen reellen Vertrag, von dem es keine Rücktrittsmöglichkeit nach dem Konsumentenschutzgesetz mehr gibt! Eine Stornierung ist in der Regel kostspielig. Umso wichtiger ist es, schon vor und während der

Buchung mit Überlegung vorzugehen. Nehmen Sie sich daher Zeit, alle Texte auf der Website des Anbieters durchzulesen, bevor Sie eine Frage mit „Ja“ oder „Nein“ beantworten, ein Kästchen aktivieren oder deaktivieren oder auf „Weiter“ klicken.

Schauen Sie sich auch die Geschäftsbedingungen genau an, deren Kenntnisnahme und Akzeptanz Sie ja bestätigen müssen. Die AGB sollten nicht zuletzt die Stornobedingungen enthalten, die von jedem Anbieter anders gestaltet werden können und mit Ihrer Zustimmung Bestandteil des Vertrages werden.

Persönliche Daten kontrollieren. Ein Irrtum bei der von Ihnen eingegebenen Adresse und per Post zugesandte Unterlagen landen im Nirgendwo. Gleiches gilt für Ihre E-Mail-Adresse. Ebenso wenig sollten Sie sich irren, wenn Sie für eine andere Person buchen, aber mit Ihrer eigenen Kreditkarte bezahlen. Gerade bei den Flugtickets sind nachträgliche Umbuchungen entweder gar nicht möglich oder mit hohen Kosten verbunden. Nebenbei, die Eingabe von Kreditkartendaten ist keine Voraussetzung für die Gültigkeit eines Vertrages, weil der Vertragspartner Ihnen genauso gut eine Rechnung mit Zahlschein zusenden kann.

Bei Internetbuchungen jeden Schritt dokumentieren.

Schriftliche Dokumentation. Drucken Sie während des Buchungsvorganges nicht nur die vollständigen Kontaktdaten des Anbieters sowie dessen AGB aus, sondern dokumentieren Sie auch jeden einzelnen Buchungsschritt, indem Sie die jeweils aufgerufene Seite abspeichern oder ausdrucken. Das ist zwar mühsam, aber nur so können Sie bei Bedarf den Buchungsvorgang rekonstruieren. Auch kann sich der Inhalt von Internetseiten innerhalb weniger Stunden ändern, sodass Sie ohne schriftliche Unterlagen nachträglich nichts mehr beweisen können.

Da manche Internetseiten sich gar nicht oder nicht in allen Bestandteilen ausdrucken lassen, hilft entweder die Option „Druckvorschau“ im Menü des Browsers oder das Anfertigen eines Screenshots. Je nach Tastaturbeschriftung verwenden Sie dazu die Taste „Print Screen"/„Seite abfotografieren (S-Abf)" beim PC bzw. die Tastenkombination „Apfel+Shift+3" beim Mac. Beim PC müssen Sie den Screenshot dann noch mittels Tastenkombination „Strg+V" in ein Word-Dokument bzw. in das Fenster eines Bildbearbeitungsprogramms kopieren.

Immer eine schriftliche Buchungsbestätigung verlangen.

Buchungsbestätigung verlangen. Sicher sein, dass Ihre Buchung auch tatsächlich beim Vertragspartner angekommen ist, können Sie erst, wenn Sie eine schriftliche Bestätigung erhalten. Bei Flug-, Bahn- und Fährtickets müssen Sie ein Ticket per Post oder eine Codenummer per Mail (E-Ticket) zugeschickt bekommen. Hierbei können sich Spamfilter bisweilen als Problem erweisen, wenn sie wichtige Sendungen von bis dahin unbekannten Absendern irrtümlich aussortieren. Stellen Sie Ihren Spamfilter so ein, dass er potenzielle Spammails nicht automatisch löscht, sondern im Spamordner belässt, dessen Inhalt Sie regelmäßig kontrollieren können.

Beim Buchen einer Pauschalreise muss Ihnen das Reisebüro eine Bestätigung über die Annahme Ihrer Buchung durch den Reiseveranstalter schicken. Falls Sie Sonderwünsche haben oder Zusatzvereinbarungen treffen möchten, merken Sie diese bei der Buchung deutlich an, damit sie in die Buchungsbestätigung Eingang finden. Andernfalls müssen Sie eine schriftliche Zusage einfordern. Verlassen Sie sich nicht auf den unverbindlichen Vermerk „Kundenwunsch".

Hasard mit Restplätzen. Restplatzbörsen unterscheiden sich in rechtlicher Hinsicht nicht von anderen Anbietern. Nur ist die Buchung selbst oft ein Glücksspiel. Mitunter erfahren Sie nicht einmal, in welchem Hotel Sie untergebracht werden. Auch muss ein Last-Minute-Angebot nicht unbedingt günstiger sein als eine frühere Buchung. Überhaupt sollten Sie nicht davon ausgehen, dass Pauschalreisen online billiger zu haben sind als im Reisebüro.

Sichere Bezahlung. Die Kreditkarte ist vor allem bei Geschäften mit ausländischen Unternehmen das gängigste Zahlungsmittel, in manchen Ländern funktioniert auch der Bankeinzug. Um auf Nummer sicher zu gehen, sollten Sie vor Eingabe Ihrer Daten kontrollieren, ob der Anbieter eine gesicherte Verbindung verwendet. Die äußeren Anzeichen einer Verschlüsselung sind das Kürzel „https://“ statt „http://“ in der Adresszeile des Internetbrowsers sowie ein Vorhängeschloss-Symbol mit geschlossenem Bügel am Ende der Adresszeile und/oder am rechten unteren Bildrand. Klicken Sie auf dieses Zeichen. In dem sich öffnenden Fenster überprüfen Sie dann, ob das Sicherheitszertifikat noch gültig ist und ob die angegebene Internetadresse mit jener übereinstimmt, die in der Adresszeile des Browsers aufscheint.

Reiseversicherungen

Vom Ärgernis wie einem nicht mehr auffindbaren Koffer bis zur Verletzung nach einem Auto- oder Sportunfall – leider schlägt das Urlaubsglück manchmal ins Pech um. Reiseversicherungen können immerhin die finanziellen Folgen derartiger Zwischenfälle lindern.

Reiseversicherer bieten verschiedene Produktvarianten an.

Man kann zwischen verschiedenen Produktvarianten wählen: Idealerweise lassen Sie sich die Leistungen, zugeschnitten auf Ihre Bedürfnisse, individuell zusammenstellen. In Reisebüros aber werden der Einfachheit halber oft Gesamtpakete als Zahlscheinpolizzen angeboten, und neuerdings können Sie manchen Versicherungsvertrag sogar bequem per SMS abschließen.

Beide Schnellversionen bergen allerdings bedeutende Risiken: Sie verlocken zu voreiligen Abschlüssen, ohne vorher die Angebote der Konkurrenz eingeholt zu haben. Meist enthalten solche Polizzen das größte und teuerste Versicherungspaket eines Anbieters, und den Kunden ist bei Vertragsabschluss weder klar, wogegen noch wie hoch sie sich damit versichern. Sie haben ihre eigenen bereits bestehenden Verträge auch nicht nach Doppel- oder Mehrfachversicherungen durchforstet. Häufig gibt es bereits über eine Kreditkarte, die Mitgliedschaft in einem Autofahrerclub, eine private Krankenversicherung oder die Haushaltsversicherung ein teilweiser Schutz. Nehmen Sie sich also Zeit – ein Blick in vorhandene Polizzen zeigt vielleicht, dass einige mögliche Pannen im Urlaub ohnehin abgedeckt sind (► Seite 101 f.).

Apropos mehrfach versichert: Der Versicherungsschutz wird nur dann wirksam, wenn der Schaden nicht bereits durch eine andere Versicherungspolizze gedeckt ist. Es gibt also pro Schadensfall nur einmal Geld, egal wie viele Versicherungen Sie abgeschlossen haben. Und resultiert die Haftung aus Ihrem Vertragsverhältnis mit einem Reiseveranstalter oder einer Fluggesellschaft, zahlt Ihre Versicherung auch nicht.

Schaden ersetzt

BEISPIEL

Einer Frau wird bei einem Einkaufsbummel im Urlaub die Handtasche gewaltsam entrissen. Sie hat sowohl eine Haushaltsversicherung beim Versicherer A als auch eine Reisegepäckversicherung beim Versicherer B abgeschlossen. Wer ersetzt nun den Schaden? In der Praxis wird das zwischen den Versicherungsunternehmen geregelt. Was konkret heißt: Die eine Gesellschaft vergütet lediglich jenen Schaden, der durch die andere Polizze nicht gedeckt ist (= Subsidiarität).

In der Folge stellen wir Ihnen die wichtigsten Leistungsbausteine einer Reiseversicherung im Einzelnen vor.

Reisestornoversicherung

Bei Stornoversicherungen wird oft ein Selbstbehalt verrechnet.

Schlimm genug, wenn Sie aus unvorhersehbaren Gründen einen geplanten Urlaub absagen müssen. Dafür auch noch eine saftige Stornogebühr zu zahlen, kann den Verdruss ins Unermessliche steigern. Aus diesem Grund enthalten viele Pauschalarrangements von vornherein eine Stornoversicherung. Sie übernimmt allfällige Stornogebühren bei Nichtantritt der Reise – zwar oft mit Verrechnung eines 20-prozentigen Selbstbehaltes – und die Mehrkosten für eine vorzeitige Rückreise, wenn der Urlaub aus wichtigem Anlass abgebrochen werden muss.

Als triftige und unvorhersehbare Gründe für den Nichtantritt einer Reise gelten unter anderem medizinisch bestätigte Reiseunfähigkeit durch eine plötzliche Erkrankung oder einen Unfall, aber auch Tod, schwerer Unfall oder unerwartete schwere Erkrankung eines nahen Angehörigen. Tatsache ist jedoch, dass Stornoversicherte oft böse Überraschungen erleben, wenn sie ihre Ansprüche geltend machen.

Krankheitshalber storniert

BEISPIEL

Eine Konsumentin, die zwei Wochen vor Reiseantritt auf den dringenden Rat ihres Arztes hin eine Reise stornierte, musste vor Gericht gehen. Der Arzt hatte die Schwere ihrer drei Wochen davor entstandenen Verletzung erst zu diesem Zeitpunkt erkannt. Die Versicherung argumentierte, die Stornierung sei daher nicht unverzüglich erfolgt. Erst das Gericht gab der Konsumentin Recht und sprach ihr den vollen Ersatz zu.

Probleme mit der Stornoversicherung kann es ebenso in anderen Situationen geben. So sind etwa Elementarschäden am Wohnhaus oder eine plötzliche Kündigung des Arbeitsplatzes nur bei manchen Anbietern inkludiert. Auch chronische Krankheiten sind, wenn überhaupt, nur eingeschränkt mitversichert. Definitiv keinen Versicherungsschutz gibt es bei beruflichen und privaten Terminkollisionen, z.B. wenn Sie erst nach der Buchung erfahren, dass in Ihrer Urlaubswoche eine wichtige Konferenz stattfinden soll oder Ihre Schwester just zu dieser Zeit heiratet.

Informieren Sie den Reiseveranstalter und das Versicherungsunternehmen unverzüglich, am besten schriftlich per

Kleingedrucktes lesen

TIPP

Bevor Sie eine 08/15-Polizze im Reisebüro abschließen, die Ihnen am Ende doch nur wenig bringt, sehen Sie sich genauer an,

- bei welchen Rücktrittsgründen Versicherungsschutz besteht,
- ob ein Selbstbehalt vorgeschrieben ist,
- bis wann Sie die Versicherung abschließen müssen (in vielen Fällen bereits am Tag der Reisebuchung).

Einschreiben. Wenn Sie abwarten, dann trägt der Versicherer die höhere Stornogebühr nicht!

Fazit: Eine Stornoversicherung erweist sich am ehesten als sinnvoll, wenn Sie Ihre Reise schon lange vor Antritt buchen, Sie sich eine luxuriöse Fernreise leisten möchten oder mit kleineren Kindern wegfahren, die erfahrungsgemäß noch häufiger krank werden.

Reisekrankenversicherung

Dieser Baustein deckt Kosten für medizinische Behandlungen im Ausland bei akuter Erkrankung oder nach einem Unfall ab. (Ausführliche Informationen ► Seite 96 ff.). Ein wichtiger Tipp aber gleich vorweg: Im Fall des Falles sollten Sie oder ein Angehöriger sich so rasch wie möglich über die Notruf-Hotline mit dem Versicherer in Verbindung setzen. Nehmen Sie diese Nummer daher immer mit, und zwar nicht nur gespeichert in der Adressdatei Ihres Handys, sondern auch auf einem Stück Papier notiert. Sonst sind Sie erst recht hilflos, wenn Ihnen z.B. das Handy auf Reisen abhanden kommt.

Die Notrufnummer der Krankenversicherung immer mitnehmen.

In jedem Fall überlegenswert ist eine Reisekrankenversicherung für Kassenpatienten, deren Reiseziel außerhalb der Europäischen Union liegt, damit auch dort ein ausreichender Schutz bzw. die Kostenübernahme für einen Rücktransport nach Hause gegeben ist.

Reiseunfallversicherung

Übernahme der Bergekosten sowie Leistungen bei bleibender Invalidität und Unfalltod sind die Vorteile einer reinen Unfallversicherung für die Zeit einer Reise. Doch kein Vorteil ohne Nachteil: Die Deckungssummen sind häufig viel zu niedrig, bezahlt wird meist erst ab einer 50-prozentigen Invalidität, und wer eine gefährliche Sportart ausübt, muss ohnedies extra in die Tasche greifen. Zudem stellt sich oft heraus, dass die Mitgliedschaft beim Alpenverein bzw. den Naturfreunden oder der Besitz einer Kreditkarte bereits Schutz gewährt.

Für ratsamer halten wir deshalb den Abschluss einer privaten Unfallversicherung, die ganzjährig und weltweit für den gesamten Freizeitbereich gilt. Eine solche Versicherung bietet eine höhere Deckungssumme und federt auch mögliche wirtschaftliche Folgen eines Unfalls ab. Denn die gesetzliche Sozialversicherung übernimmt zwar die Kosten für die nötige medizinische Versorgung, nicht aber den Einkommensentgang bei Invalidität.

Reisegepäckversicherung

Schon bei der kleinsten Unachtsamkeit zahlt die Gepäckversicherung nicht.

Sie soll den Schaden bei Diebstahl im Urlaub und Raub des Gepäcks vergüten. Aber die Sache hat gleich mehrere Haken: So sind gerade die wertvollsten Dinge wie etwa Geld, Wertpapiere, Tickets, Dokumente, Kunstgegenstände und PCs von vornherein gar nicht mitversichert. Zudem gelten sehr strenge Sorgfaltspflichten. Schon die kleinste Unachtsamkeit wird dem Reisenden als Fahrlässigkeit ausgelegt, und Versicherte bekommen nur in seltenen Fällen ihren Schaden erstattet. Sowieso keinen Ersatz gibt es für alles, was Sie verlieren, vergessen, liegen lassen oder mangelhaft beaufsichtigen.

Die Beispiele in der Tabelle auf Seite 25 illustrieren den geringen Wert dieses Reiseversicherungsbausteines.

Was bleibt dann noch von den angepriesenen Versprechungen? Versichert sind das Reisegepäck, technische Geräte wie Fotoapparat, Videokamera und Mobiltelefon, Sportgeräte, Uhren, Schmuck und Pelze sowie die Wiederbeschaffung von Dokumenten zu bestimmten vereinbarten Summen. Wobei für alle genannten Gegenstände gilt: Sie müssen zum Zeitpunkt des Diebstahls, Einbruchs oder Raubes sicher verwahrt, persönlich beaufsichtigt, bestimmungsgemäß ge-

Überflüssig

TIPP

In den Urlaub mitgebrachte Dinge sind, wenn sie in einem Gebäude aufbewahrt werden, gegen Raub, Diebstahl und Beschädigung bereits teilweise über die Haushaltspolizze versichert. Auch die Inhaber von Kreditkarten verfügen ebenfalls meist schon über eine Reisegepäckversicherung. Alles in allem: ein unnützes Produkt, das Sie sich getrost sparen können.

tragen oder benutzt worden sein bzw. sich in einer bewachten Garderobe, einer Gepäckaufbewahrung oder in einem verschlossenen Raum befunden haben. Im Klartext bedeutet das, dass Sie kaum zum Urlaub machen kommen, weil Sie andauernd das Verhalten eines Wachhundes an den Tag legen müssen.

Wer den Schaden hat ...

Schaden	Deckung
Ihr Auto steht ordnungsgemäß versperrt auf einem bewachten öffentlichen Parkplatz. Dennoch wird das Schloss geknackt und Ihre im Fond liegende Videokamera entwendet.	Von der Reisegepäckversicherung gibt es keine Entschädigung. Sie hätten die Kamera nicht von außen sichtbar im Wagen liegen lassen dürfen.
Sie beäugen Ihr Surfbrett ständig, während Sie sich am Strandbuffet stärken. Als Sie einmal kurz nicht hinschauen, wird es gestohlen.	Die Versicherung zahlt nicht, denn Ihre Vorkehrung war unzureichend. Sie hätten das Sportgerät sorgsam verwahren (z.B. in einen Kasten sperren) müssen.
Ein Dieb macht sich in Ihrem Hotelzimmer zu schaffen und lässt Ihren Schmuck aus der Nachttischlade mitgehen.	Sie werden sich vergeblich um eine Geldleistung der Versicherung bemühen, denn Sie hätten den Hotelsafe nutzen müssen.
Ihr Koffer wird Ihnen am Bahnhof im Urlaubsort gestohlen. Damit Sie den Zug nicht versäumen, melden Sie den Schaden erst zu Hause bei der Polizei.	Trotz Reiseversicherung Pech gehabt. Sie hätten den Diebstahl sofort vor Ort anzeigen müssen.
Ihr Fotoapparat verschwindet spurlos, während Sie bei versperrter Tür in Ihrem Hotelzimmer schlafen, in dem weder ein Safe noch ein versperrbarer Schrank vorhanden ist.	In diesem dokumentierten Fall zahlte die Versicherung erst, nachdem das Handelsgericht festgestellt hatte, dass Schlafen keine Verletzung der Aufsichtspflicht ist.

Abschluss einer Reiseversicherung

CHECKLISTE

- ☐ bestehende Polizzen überprüfen (Kreditkarte, Autofahrerclub, Haushaltsversicherung, Privathaftpflichtversicherung)
- ☐ auf die Höhe von Selbstbehalten achten
- ☐ Deckungssummen kontrollieren
- ☐ Ausnahmefälle in den Versicherungsbedingungen nachlesen
- ☐ Dauer, Beginn und Voraussetzungen für den Versicherungsschutz beachten
- ☐ Notfall-Nummern auf einem Zettel notieren

Und daheim?

Vorübergehend verlassene Häuser und Wohnungen sind bevorzugte Zielobjekte für Einbrecher. Deshalb gilt es gerade während der Urlaubszeit, Vorkehrungen gegen kriminelle Eindringlinge zu treffen und auf nachbarschaftliche Hilfe zu zählen. Je mehr Hindernisse Sie dem Ganoven in den Weg legen, desto schwerer kann er seine Tat begehen. Denken Sie außerdem daran, Ihr Heim vor Feuer, Wasser und anderen zerstörerischen Kräften zu schützen.

Eigenheim: Vorkehrungen gegen Einbrecher treffen.

Zeitung. Lassen Sie sich Ihre abonnierte Tageszeitung an den Urlaubsort nachsenden. Keinesfalls sollte ein Zeitungsstapel vor der Haustür Einbrecher auf Ihre Abwesenheit aufmerksam machen.

Post. Auch Ihre Post können Sie sich nachsenden lassen. Bitten Sie dennoch einen Nachbarn Ihres Vertrauens, Ihren Briefkasten regelmäßig zu entleeren. Denn quillt er vor Werbeprospekten über, lockt das ebenfalls Langfinger an.

Urlaubsfach. Man kann bei der Post auch ein kostenpflichtiges Urlaubsfach einrichten. Dort sammelt man alle Briefsendungen und hält sie zur Abholung nach Ihrer Rückkehr bereit. Das hat den Vorteil, dass behördliche Schreiben an den Absender re-

Werbung? Nein, danke!

Achten Sie bei einem Nachsendeauftrag auf das Kleingedruckte. Wenn Sie nach den Ferien nicht von einer Werbeflut überrollt werden wollen, dann sollten Sie auf dem Antragsformular jenen Passus streichen, der die Post zur Weitergabe Ihrer persönlichen Daten an Dritte ermächtigt.

TIPP

tourniert werden und somit nicht etwa durch Hinterlegung als zugestellt gelten.

Schlüssel. Um Ihre Blumen zu gießen, Ihre Haustiere zu versorgen und von Zeit zu Zeit nach dem Rechten zu sehen, übergeben Sie dem Nachbarn Ihre Haus- bzw. Wohnungsschlüssel. Verstecken Sie die Schlüssel nicht unter der Türmatte oder dem Blumentopf.

Urlaubsadresse. Teilen Sie Verwandten und dem Nachbarn Ihre Urlaubsadresse mit, damit man Sie im Fall der Fälle erreichen kann.

Wertsachen. Deponieren Sie alles Wertvolle, das Sie nicht in den Urlaub mitnehmen, in einem Bankschließfach oder Safe.

Rechnungen. Versäumte Zahlungen könnten nach der Rückkehr von einem mehrwöchigen Urlaub zu unangenehmen Überraschungen führen. Sparen Sie sich den Ärger und bezahlen Sie Rechnungen, bevor Sie in die Ferne aufbrechen.

Zeitschaltuhren. Nutzen Sie deren Funktion für Licht und Radio, um das Haus vor allem in den Abendstunden bewohnt wirken zu lassen. Wenn Ihr Nachbar außerdem hin und wieder die Position Ihrer Außenjalousien verändert, schreckt er auch damit möglicherweise Einbrecher ab.

Wasser. Drehen Sie vor der Fahrt in den Urlaub nicht benötigte Wasseranschlüsse (z.B. von Waschmaschine und Geschirrspüler) ab.

Elektrogeräte. Besser einmal zu oft überprüfen, ob alle Regler am Herd auf Null gestellt sind. Denn ein versehentlich eingeschaltetes Elektrogerät kann verheerende Folgen haben.

Fenster. Schließen Sie alle Fenster, damit weder Kriminelle noch Wetterkapriolen Angriffspunkte finden.

Türen. Vergewissern Sie sich beim Wegfahren, ob Eingangs-, Terrassen- und Kellertüren tatsächlich versperrt sind.

Die Flugreise

Fluggastrechte

Die Tücken des Fliegens

Wenn das Gepäck verloren geht

Mit dem Flieger in die Ferien

Verspätung, Überbuchung und Annullierung von Flügen sind häufig auftretende Probleme.

2007 verzeichneten die sechs österreichischen Flughäfen gegenüber dem Vorjahr einen Passagierzuwachs von zehn Prozent: Rund 23 Millionen Passagiere wurden befördert (Statistik Austria). Doch je mehr Fluggäste und je höher der Konkurrenzdruck der Airlines, desto öfter treten Schwierigkeiten bei der planmäßigen Abwicklung des Luftverkehrs auf. In diesem Kapitel können Sie nachlesen, was Sie sich nicht gefallen lassen müssen und wie Sie Ihre Ansprüche durchsetzen. Etwa 250.000 Passagiere sitzen alljährlich auf Europas Airports fest, weil Flüge Verspätung haben, überbucht sind oder ohne Vorankündigung gestrichen werden. Zum Glück für die Konsumenten hat die EU im Februar 2005 eine Verordnung erlassen, die bei Nichtbeförderung, Annullierung und großer Verspätung die Rechte von Flugreisenden deutlich verbessert.

Einleitend gleich die Kurzzusammenfassung: Neben dem Recht auf alternative Beförderung zum Reiseziel oder Rückerstattung der Ticketkosten stehen den Passagieren bei einer Verzögerung Betreuungsleistungen wie Mahlzeiten, Telefonate und, wenn nötig, auch Hotelübernachtungen zu. In bestimmten Fällen besteht zusätzlich ein Anspruch auf Entschädigungszahlung als Ersatz für die entstandenen Unannehmlichkeiten. Je nach Reichweite des Fluges beträgt der finanzielle Ausgleich zwischen 250 und 600 Euro.

Vertragliches oder ausführendes Luftfahrtunternehmen?

Das vertragliche Luftfahrtunternehmen ist die Firma, mit der Sie den Luftbeförderungsvertrag abschließen. Bei Pauschalreisen kann das auch der Reiseveranstalter sein. Das ausführende Luftfahrtunternehmen, auch operating carrier genannt, führt den Flug tatsächlich durch. Wenn Sie z.B. beim Reiseveranstalter Turkeytour eine Pauschalreise in die Türkei buchen und dabei mit der Fluglinie Sunair fliegen, dann ist Turkeytour das vertragliche und Sunair das ausführende Luftfahrtunternehmen. Oder Sie kaufen über das Internet ein Ticket Wien – Paris von der Fluglinie Francaise mit der Anmerkung, dass der operating carrier die Fluglinie Chagalle ist. Letztere Airline ist demnach das ausführende, Francaise nur das vertragliche Luftfahrtunternehmen. Die Unterscheidung wird vor allem dann wichtig, wenn Sie Ihre Ansprüche wegen Nichtbeförderung, Annullierung und großer Verspätung geltend machen wollen: Sie richten sich immer gegen das ausführende Flugunternehmen.

Die Besserstellung der Konsumenten sollte sich auch bereits bei der Buchung bemerkbar machen, denn Reisebüros bzw. Reiseveranstalter sind nunmehr verpflichtet, ihren Kunden möglichst schon zu diesem Zeitpunkt die Airline zu nennen, die den Flug tatsächlich durchführen wird. Eine allfällige spätere Änderung muss dem Fluggast umgehend mitgeteilt werden.

Durch diese Regelung kann der Verbraucher überprüfen, ob jene Airline in der Schwarzen Liste unsicherer Fluglinien aufscheint. Dort sind alle Luftfahrtunternehmen genannt, gegen die eine Betriebsuntersagung in der EU ergangen ist - eine Maßnahme, die europaweit einheitliche Sicherheitsstandards gewährleisten soll. Das hohe Flugaufkommen ermöglicht jedoch nur stichprobenartige Inspektionen. Scheint eine Fluglinie nicht in der Schwarzen Liste auf, bedeutet das also nicht zwangsläufig, dass sie alle Sicherheitsnormen erfüllt. Die Liste wird im Abstand von drei Monaten aktualisiert und im Amtsblatt der Europäischen Union veröffentlicht. Im Internet ist sie unter http://ec.europa.eu/transport/air-ban abrufbar.

Fluglinien, die auf der Schwarzen Liste stehen, haben in der EU Flugverbot.

Die EU-Fluggastrechte-Verordnung

Diese schon erwähnte, mit Februar 2005 in Kraft getretene Bestimmung regelt die Mindestrechte von Fluggästen in Fällen der Nichtbeförderung gegen ihren Willen, der Annullierung des Fluges und der Verspätung des Fluges. Sie gilt, wenn Sie mit einer Linien- oder Chartermaschine

- von einem Flughafen innerhalb der EU starten oder
- mit einer EU-Fluggesellschaft von einem Airport außerhalb der EU zu einem Ziel innerhalb der EU fliegen.

Nichtbeförderung

Weigert sich eine Fluggesellschaft, Sie mitzunehmen, obwohl Sie rechtzeitig am Abflugschalter waren, spricht man von Nichtbeförderung. „Rechtzeitig" bedeutet, dass Sie zu der Zeit ein-

Kein Recht auf Ausgleich

BEISPIEL

Sie fliegen mit einer amerikanischen Fluglinie von Österreich in die USA. Da Sie nicht auswandern wollen, buchen Sie zu Hause auch gleich den Rückflug. Geht bei letzterem etwas schief, lässt die EU-Fluggastrechte-Verordnung Sie bedauerlicherweise im Regen stehen. Nach derzeitigem Recht haben Sie keinen Anspruch auf Ausgleichsleistungen, denn Sie sind mit einer außereuropäischen Airline von einem Drittstaat in die EU geflogen, obwohl Sie in Österreich gebucht haben. Konsumentenschützer kritisieren diese Einschränkung und forderten die Europäische Kommission bereits auf, die Verordnung nachzubessern.

checken müssen, die Ihnen die Fluglinie, der Reiseveranstalter oder das Reisebüro schriftlich bekannt gegeben hat, spätestens allerdings 45 Minuten vor der geplanten Abflugzeit. Besonders in der Hauptreisesaison passiert es jedoch immer wieder, dass Urlauber sich überpünktlich in die lange Warteschlange einreihen, dort nur sehr schleppend vorwärts kommen und es dann am Abflugschalter heißt: „Leider, das Gate ist schon geschlossen“ oder „Der Flieger ist überbucht, Sie können nicht mehr einsteigen.“

Die Fluglinie muss Passagiere, deren Abflug bevorsteht, aus der Warteschlange herausrufen.

In einem solchen Präzedenzfall hat kürzlich ein bayrisches Amtsgericht entschieden, dass eine Fluggesellschaft aus einer langen Warteschlange jene Passagiere herausrufen muss, deren Abflug bevorsteht. Versäumt das die Airline, haben Fluggäste, die nicht mehr an Bord dürfen, einen Entschädigungsanspruch. Denn es kann nicht zu Lasten der Kunden gehen, wenn ein Unternehmen wegen Personalmangels nicht in der Lage ist, Fluggäste innerhalb von 90 Minuten abzufertigen.

In allen anderen Fällen muss die Fluggesellschaft ihrem Kunden Betreuungs-, Unterstützungs- und Ausgleichsleistungen erbringen, wenn sie ihm die Beförderung verweigert. So liegt es etwa auch im Verschulden der Airline, wenn sie anstatt des ursprünglich geplanten Flugzeugs nur einen Flieger mit geringerer Sitzkapazität einsetzen kann.

Der Hauptgrund für die Nichtbeförderung von Fluggästen schließlich liegt in der leider gängigen Praxis der Überbuchung. Da ein Flugunternehmen aufgrund statistischer Erfahrungswerte damit rechnet, dass ein gewisser Prozentsatz der Passagiere nicht erscheinen wird, verkauft es mehr Tickets als Sitzplätze verfügbar sind. So kann es geschehen, dass Sie mit gültigem Ticket zum Check-in-Schalter kommen und dort erfahren, dass der Flieger bereits voll ist.

Für diese Sachlage sieht die EU-Fluggastrechte-Verordnung folgende Regelung vor: Die Airline muss zunächst versuchen, unter den betroffenen Passagieren Freiwillige zu finden, die auf ihre Beförderung verzichten. Dafür kann das Unternehmen den Kunden im Gegenzug die Erstattung des Ticketpreises, Ersatzleistungen wie Fluggutscheine oder eine kostenlose Umbuchung anbieten. Achtung: Wenn Sie ein solches Angebot der Fluglinie annehmen, verlieren Sie Ihren Anspruch auf weitere Leistungen!

Bei Nichtbeförderung besteht ein Leistungsanspruch.

Finden sich nicht genügend Freiwillige und verweigert die Airline den übrigen Betroffenen die Beförderung, muss sie unverzüglich Betreuungs-, Unterstützungs- und Ausgleichsleistungen erbringen. Das heißt, sie hat dafür zu sorgen, dass Sie

- zwei Telefonate führen bzw. zwei Telefaxe oder E-Mails versenden können;
- unentgeltlich mit Essen und Getränken verpflegt werden;
- wenn nötig kostenlos in einem Hotel untergebracht und auch dorthin transportiert werden.

Außerdem haben Sie die Wahl zwischen

- Erstattung des Flugpreises binnen sieben Tagen für nicht zurückgelegte Reiseabschnitte und für bereits zurückge-

Darf die Fluglinie die Beförderung verweigern?

Sie darf, allerdings nur dann, wenn folgende Gründe vorliegen:

- gesundheitliche Beeinträchtigung (z.B. ein Passagier ist so stark alkoholisiert, dass er seine Mitreisenden oder die Crew gefährden könnte)
- unzureichende Reiseunterlagen (z.B. einem Fluggast fehlt das für die Einreise ins Zielland benötigte Visum)
- betriebliche oder allgemeine Sicherheit (z.B. ein Passagier weigert sich, seine Gepäckstücke oder sich selbst einer Sicherheitskontrolle zu unterziehen)

legte Reiseabschnitte, die im Hinblick auf den ursprünglichen Reiseplan zwecklos geworden sind (in diesem Fall muss der Passagier kostenfrei zum Ausgangsort zurückbefördert werden);

- alternativer Beförderung zum Endziel unter vergleichbaren Bedingungen zum frühestmöglichen Zeitpunkt oder
- alternativer Beförderung zum Endziel zu einem Zeitpunkt Ihrer Wahl, vorbehaltlich verfügbarer Plätze.

Weiters steht Ihnen ein finanzieller Ausgleich zu, dessen Höhe sich aus Entfernung des Fluges ergibt. Der Anspruch verringert sich aber um 50 Prozent, wenn Sie sich für die alternative Beförderung entscheiden und diese innerhalb bestimmter Fristen erfolgt.

Ausgleichsleistungen bei Nichtbeförderung

Entfernung	Beispiel	Ausgleich	Kürzung um 50 % bei Wahl alternativer Beförderung mit Ankunftsverspätung bis max.
bis 1500 km	Wien – London	250 Euro	2 Stunden
1500 – 3500 km	Wien – Madrid	400 Euro	3 Stunden
ab 3500 km	Wien – New York	600 Euro	4 Stunden
Diese Ausgleichsleistungen sind nicht mit dem Preis Ihres Tickets begrenzt!			

Werden unzureichende Reiseunterlagen zum Grund für die Nichtbeförderung, muss übrigens nicht zwangsläufig die Schuld beim Verbraucher liegen. Denn die Verordnung über die Ausübungsvorschriften für das Reisebürogewerbe sieht vor, dass das Reisebüro seine Kunden über Pass- und Visumerfordernisse aufklären muss.

Verstoß gegen die Informationspflicht

Ein Konsument buchte in einem Reisebüro eine Pauschalreise nach Jamaika. Während des geplanten Reisezeitraumes war jedoch wegen der Kricket-Weltmeisterschaft eine vorübergehende Visumpflicht eingeführt worden. Darüber hatte man den Kunden weder bei der Buchung noch bei der Abholung der Reiseunterlagen informiert. Unmittelbar vor dem Abflug wurde dem Urlauber das Einsteigen in die Maschine verweigert. Da das Reisebüro sich weigerte, den Reisepreis zurückzuerstatten, strengte der VKI im Auftrag des Konsumentenschutzministeriums eine Klage an. Das Gericht bestätigte, dass das Reisebüro gegen seine Informationspflicht verstoßen hat und dem Konsumenten den Reisepreis refundieren muss.

Annullierung

Wird Ihr Flug kurzfristig gestrichen, haben Sie – ausgenommen bei höherer Gewalt – Anspruch auf dieselbe entfernungsabhängige Entschädigung wie bei Nichtbeförderung. Auch hier können Sie zwischen der Erstattung des Ticketpreises und einer alternativen Beförderung wählen. In den folgenden Fällen sind keine Ausgleichsleistungen zu bezahlen:

Auch die Flugannullierung zieht einen Leistungsanspruch nach sich.

- wenn außergewöhnliche Umstände vorliegen, deren Eintritt die Fluglinie durch ihr zumutbare Maßnahmen nicht vermeiden konnte (z.B. politische Instabilität, Sicherheitsrisiken, widrige Wetterbedingungen, unerwartete Flugsicherheitsmängel, den Betrieb beeinträchtigende Streiks)
- wenn sie Ihnen die Annullierung mindestens zwei Wochen vor dem flugplanmäßigen Abflug bekannt gibt und Ihnen ein Ersatzangebot macht
- wenn sie Ihnen bis zu sieben Tage vor Abflug eine alternative Flugverbindung anbietet, die Ihnen gestattet, nicht mehr als zwei Stunden vor der planmäßigen Abflugzeit zu starten und Ihr Endziel höchstens vier Stunden nach der planmäßigen Ankunftszeit zu erreichen
- wenn Sie die Airline noch kurzfristiger von der Streichung des Fluges informiert und Ihnen einen Ersatzflug anbietet, mit dem Sie nicht mehr als eine Stunde vor der ursprünglichen Abflugzeit abheben und maximal zwei Stunden nach der geplanten Ankunftszeit am Endziel ankommen

Ausgleichsleistungen bei Fluggannullierung

Information über Annullierung vor planmäßiger Abflugzeit	Toleranzzeiten bei Angeboten zur alternativen Beförderung
bis 14 Tage vor Abflug	generell kein Ausgleich
zwischen 14 und 7 Tagen vor Abflug	+2/ –4 Stunden
weniger als 7 Tage vor Abflug	+1/ –2 Stunden

Formulierungen wie „höhere Gewalt" und „außergewöhnliche Umstände" im Gesetzestext stellen rechtliche Grauzonen dar. Immer wieder finden Fluggesellschaften Schlupflöcher, um sich vor allfälligen Ausgleichsleistungen zu drücken. Hauptproblempunkt bei Konsumentenbeschwerden im Zusammenhang mit außergewöhnlichen Umständen waren bisher Flugstreichungen aufgrund technischer Gebrechen.

Häufig hatten dabei die Entlastungsgründe „Sicherheitsrisiken" und „unerwartete Flugsicherheitsmängel" als Ausrede herzuhalten. Ob eine solche Argumentation zulässig ist, wird allerdings bezweifelt. Sie ist derzeit noch Gegenstand zahlreicher Gerichtsverfahren in ganz Europa, bis hinauf zum Europäischen Gerichtshof. So wird es wohl noch einige Zeit dauern, bis in dieser Frage Rechtssicherheit besteht. Bereits ausjudiziert sind aber folgende Situationen:

Das Gericht hat entschieden

Beispiel	Ausgleichsleistungen
Ihr Flug wird gestrichen, weil der Zielflughafen aufgrund starken Schneefalls nicht angeflogen werden kann.	Nein. Grund: widrige Wetterbedingungen.
Ihr Flug wird wegen einer akuten Terrorwarnung abgesagt.	Nein. Grund: Sicherheitsrisiko.
Ihr Flug wird annulliert, weil der Pilot erkrankt ist und die Fluglinie für diesen Fall keine Vorkehrungen getroffen hat.	Ja. Grund: Organisationsverschulden.

Besonders knifflig wird die Angelegenheit bei Anschlussflügen.

Verschuldensfrage

BEISPIEL

Eine Konsumentin löste ein Ticket Wien – Frankfurt – Johannesburg. Weil der Zubringerflug nach Frankfurt sich wegen Schlechtwetters verspätete, versäumte die Frau ihren Anschlussflug von Frankfurt nach Johannesburg. Die Airline berief sich auf außergewöhnliche Umstände für die Nichtbeförderung, verweigerte die Rückerstattung der Ticketkosten von über 500 Euro, und die Konsumentin musste sich ein neues Ticket für den Weiterflug kaufen.
Nachdem das Erstgericht den Anspruch abgewiesen hatte, ging die Klägerin in Berufung – und bekam Recht: Das verspätete Eintreffen zur Abfertigung in Frankfurt war nicht ihr Verschulden gewesen. Zum Check-In in Wien jedenfalls war die Konsumentin rechtzeitig erschienen. Deshalb, so urteilte das Berufungsgericht, steht ihr eine Ausgleichsleistung wegen Nichtbeförderung zu. Da die Flugentfernung mehr als 3500 Kilometer und die Verspätung mehr als vier Stunden betrug, bekommt sie 600 Euro.

Auch im Fall eines deutschen Verbrauchers hat das Amtsgericht Frankfurt entschieden, dass das verspätungsbedingte Versäumen einer Maschine rechtlich als Flugausfall zu werten ist, der grundsätzlich Schadenersatzansprüche des Kunden nach sich zieht. Voraussetzung dafür ist, dass alle Flüge beim gleichen Unternehmen gebucht wurden. Die Airline darf dem Reisegast nicht vorhalten, er hätte einen früheren Zubringerflug nehmen müssen. Immerhin hat ja sie selbst die entsprechenden Tickets ausgestellt.

Der Reisegast hatte beim beklagten Unternehmen ein Paket aus drei Flügen von Hamburg über Paris und Atlanta nach Salt Lake City gebucht. Nachdem sich bereits die Maschine von Hamburg nach Paris verspätet hatte, erreichte er den Anschlussflug nach Atlanta nicht mehr. Daraufhin verweigerte die Fluggesellschaft die Schadensübernahme mit der Begründung, es habe sich lediglich um einen Zubringerflug gehandelt. Das Gericht sah das anders und sprach dem Passagier einen Schadenersatz von 600 Euro zu.

Schriftliche Bestätigung

TIPP

Wurde die Annullierung mit einem außergewöhnlichen Umstand begründet und verweigert die Fluglinie daher die Zahlung einer Ausgleichsleistung, verlangen Sie schriftliche Unterlagen wie etwa technische Berichte, die belegen, dass ein außergewöhnlicher Umstand vorlag und die Fluglinie alle ihr zumutbaren Maßnahmen zur Vermeidung dieses Gebrechens getroffen hat. Vor Gericht ist das Flugunternehmen jedenfalls beweispflichtig.

Sollte Ihre Reklamation ergebnislos verlaufen, können Sie sich an die Fluggastrechte-Servicestelle im Bundesministerium für Verkehr, Innovation und Technologie wenden, die laut Gesetz von der Fluglinie die Vorlage der entsprechenden Beweisunterlagen verlangen kann. Hilfe im Streitfall erhalten Sie natürlich auch beim Europäischen Verbraucherzentrum des VKI (Adressen ► Seite 124).

Eine Liste mit den Adressen aller nationalen Beschwerdestellen in ganz Europa finden Sie auf der Website des Bundesministeriums für Soziales und Konsumentenschutz (www.bmsk.gv.at). Geben Sie den Begriff „Fluggastrechte“ in die Suchfunktion ein, klicken Sie auf den Eintrag „Zwei Broschüren des BMSK ...“ und rollen Sie nach unten zu den Links. Dort finden Sie „Eine Liste nationaler Beschwerdestellen zur EG-Verordnung 261/2004“ zum Download.

Verspätung

Bei Flugverspätung muss die Airline Betreuungsleistungen erbringen.

Bei großen Verspätungen muss die Fluggesellschaft Ihnen, wie bereits erwähnt, Betreuungsleistungen wie Mahlzeiten und Erfrischungen sowie gegebenenfalls auch eine oder mehrere Übernachtungen im Hotel inklusive der Beförderung zwischen Flughafen und dem Ort der Unterbringung unentgeltlich anbieten. Außerdem hat sie Ihnen zwei kostenlose Telefonate, Faxe oder E-Mails zu ermöglichen.

Ein Tipp gleich vorweg: Bewahren Sie die Belege über alle Kosten, die Ihnen durch die Flugverspätung entstanden sind, auf. Machen Sie Ansprüche geltend, senden Sie an die Fluglinie niemals Originalbelege, sondern lediglich Kopien.

In diesen Fällen stehen Ihnen Betreuungsleistungen wegen „großer Verspätung" zu:

- wenn ein Flug über eine Entfernung bis zu 1500 km mindestens zwei Stunden Verspätung hat
- wenn ein Flug über eine Entfernung von mehr als 1500 km innerhalb der EU mindestens drei Stunden Verspätung hat
- wenn ein Flug über eine Entfernung zwischen 1500 und 3.500 km mindestens drei Stunden verspätet ist
- wenn ein Flug über eine Entfernung von mehr als 3500 km sich um vier Stunden oder mehr verzögert

Beträgt die Verspätung mehr als fünf Stunden, können Sie darüber hinaus auch die Rückerstattung des Ticketpreises für nicht zurückgelegte Reiseabschnitte verlangen. Die Airline ist dann verpflichtet, Ihnen die Kosten binnen sieben Tagen zu refundieren. Gegebenenfalls muss sie auch für Ihre unentgeltliche Beförderung zum Abflugort sorgen. Wollen Sie jedoch trotz Verspätung zu Ihrem Ziel fliegen, haben Sie nur ein Anrecht auf Betreuungsleistungen.

Prinzipiell gibt es bei einer Verspätung keine Ausgleichszahlung. Sie können aber bei extrem langen Verspätungen außerhalb von Pauschalreisen Ansprüche auf Preisminderung nach dem allgemeinen Gewährleistungsrecht geltend machen. Wir empfehlen, sich in einem solchen Fall an eine Konsumentenberatungsstelle wie jene des VKI (▶ Seite 124) zu wenden.

Polizzen prüfen

TIPP

Die meisten Kreditkarten und zum Teil die Schutzbriefe der Autofahrerorganisationen inkludieren eine Reisekostenversicherung. Entstandene Mehrkosten und Schäden können eventuell auch dort geltend gemacht werden.

Leistungsansprüche bei Verspätung

Entfernung	Voraussichtliche Abflugverspätung	Anspruch
bis 1500 km	2 oder mehr Stunden	• Verpflegung, falls nötig Hotelunterbringung • 2 unentgeltliche Telefonate, Faxe oder E-Mails • Beförderung zwischen Flughafen und Ort der Unterbringung
1500 bis 3500 km	3 oder mehr Stunden	
über 3500 km	4 oder mehr Stunden	
alle Entfernungen	5 oder mehr Stunden	• zusätzlich Rückerstattung des Flugpreises • gegebenenfalls Rückbeförderung zum ersten Abflugort bei Nichtantritt des Fluges

Pauschalreisenden steht eine Preisminderung zu, wenn der Flug sich verspätet.

Bei Flugverspätungen im Rahmen einer Pauschalreise haben Sie ebenfalls Anspruch auf Preisminderung. Nach Frankfurter Liste (► Seite 82 ff.) beträgt die Reduktion fünf Prozent des anteiligen Reisepreises für einen Reisetag pro Stunde Verspätung, wobei die ersten vier Stunden nicht gezählt werden.

Nicht zu verhindernde finanzielle Auslagen, die durch eine Flugverspätung durch Verschulden der Airline entstanden sind, können Sie als Schadenersatz zurückfordern.

Höherstufung und Herabstufung

Sie haben ein Ticket für die Business-Class erstanden, und die Airline weist Ihnen einen Sitzplatz in der First-Class zu? Dafür darf das ausführende Luftfahrtunternehmen keinen Preisaufschlag von Ihnen verlangen.

Verlegt man Sie umgekehrt in eine niedrigere Klasse, muss Ihnen die ausführende Fluglinie binnen sieben Tagen einen bestimmten Prozentsatz des Ticketpreises rückerstatten. Wie viel Ihnen zusteht, richtet sich wieder nach der Entfernung des Fluges:

- Flugdistanz bis 1500 Kilometer: 30 Prozent
- Entfernung ab 1500 Kilometer innerhalb der EU sowie alle anderen Flüge zwischen 1500 und 3500 Kilometer: 50 Prozent
- bei allen sonstigen Flügen: 75 Prozent

Personen mit eingeschränkter Mobilität oder besonderen Bedürfnissen

Personen mit eingeschränkter Mobilität und ihre Begleitpersonen sowie unbegleitete Kinder müssen von der Fluglinie vorrangig befördert und bei Betreuungsleistungen bevorzugt berücksichtigt werden. Außerdem müssen Flughäfen seit 26. Juli 2008 behinderten Passagieren mit speziellen Dienstleistungen das Reisen erleichtern. So darf den Betroffenen vor allem nicht die Beförderung aus unsachlichen Gründen verweigert werden, die mit ihrer Behinderung oder eingeschränkten Mobilität in Zusammenhang stehen. Die entsprechende EU-Verordnung kommt insbesondere auch älteren Menschen zugute und gilt auf allen Airports in der Europäischen Union. Hat das ausführende Luftfahrtunternehmen seinen Sitz in der EU, gelten die Bestimmungen ebenfalls, wenn Sie von einem Flughafen in einen Drittstaat ins EU-Gebiet fliegen.

Welche konkreten Vorteile bietet nun diese neue Regelung? Da wäre einmal das Schaffen der Voraussetzungen, dass behinderte Fluggäste mithilfe von Aufzügen oder Rollstühlen an Bord der Maschine gelangen können. Auch sollte ihnen das Einchecken, die Gepäckaufgabe und das Durchlaufen der notwendigen Auswanderungs-, Zoll- und Sicherheitsverfahren ohne Hindernisse möglich sein.

Menschen mit besonderen Bedürfnissen und unbegleitete Kinder werden bevorzugt befördert.

Die Barrierefreiheit gilt natürlich nicht nur für Abflüge, sondern auch für alle Belange, die mit der Ankunft oder dem Transit zusammenhängen. Weiters muss einer Begleitperson auf Verlangen gestattet werden, Hilfe beim An-Bord- und Von-Bord-Gehen zu leisten. Und gegebenenfalls müssen Rollstühle und anerkannte Blindenhunde kostenlos transportiert werden und versehrte Passagiere die für ihren Flug benötigte Information in zugänglicher Form erhalten.

Die Fluglinie rechtzeitig über den Hilfebedarf informieren.

Das Luftfahrtunternehmen, der Reiseveranstalter oder das Reisebüro muss Ihnen innerhalb von fünf Tagen nach Ihrer Anfrage mitteilen, dass es Ihnen aus den oben genannten Gründen die Beförderung verweigert oder Sie eine Begleitperson benötigen. Jedenfalls haben Sie Anspruch auf Erstattung des Flugpreises bzw. auf alternative Beförderung zum ehest möglichen Zeitpunkt. Wird Ihnen das Mitfliegen aus anderen als den genannten Gründen verweigert, stehen Ihnen alle Rechte aus einer Nichtbeförderung zu.

Im Luftverkehr werden international standardisierte Betreuungscodes verwendet. Wenn Sie möchten, können Sie der Fluggesellschaft oder dem Reisebüro bereits im Vorfeld den Ihrer Meinung nach für Sie zutreffenden Betreuungscode mitteilen:

- WCHR: Fluggast kann kurze Wege gehen und auch Treppen steigen
- WCHS: Fluggast kann kurze Wege gehen, aber nicht Treppen steigen
- WCHC: Fluggast kann nicht selbstständig gehen und nicht Treppen steigen
- BLND: blinder Fluggast
- DEAF: gehörloser oder hörgeschädigter Fluggast
- DPNA: Fluggast mit geistiger Behinderung oder Beeinträchtigung

Wann darf die Airline einem behinderten Fluggast die Beförderung verweigern?

- Nur wenn sachlich gerechtfertigte Gründe vorliegen, die sich aus den nationalen oder internationalen Sicherheitsanforderungen ergeben (z.B. kann die Fluglinie verlangen, dass Personen mit einem erhöhten Betreuungsbedarf von einer weiteren Person begleitet werden müssen).
- Wenn wegen der Ausmaße des Flugzeugs die Anbordnahme des Reisenden nicht möglich ist (z.B. sein Rollstuhl zu groß ist).

Wenn Behinderte oder Personen mit eingeschränkter Mobilität der Auffassung sind, dass ihre Rechte missachtet wurden, können sie sich an die Leitung des Flughafens oder an das betreffende Luftfahrtunternehmen wenden. Erreichen sie dort keine zufriedenstellende Lösung, ist eine Beschwerde bei der bereits genannten Fluggastrechte-Servicestelle im Bundesministerium für Verkehr, Innovation und Technologie möglich (► Seite 125).

Unterstützungsbedarf anmelden

TIPP

Geben Sie bereits bei der Buchung – spätestens jedoch 48 Stunden vor Abflug – bekannt, dass Sie Unterstützung benötigen werden.
Das Reisebüro muss den Bedarf an die Fluglinie bzw. an den Flughafen weiterleiten. Planen Sie für die Abfertigung auch einen ausreichenden Zeitpolster von mindestens zwei Stunden ein, um Stress zu vermeiden.

Informationspflicht der Fluglinie

Nach geltendem EU-Recht sind Luftfahrtunternehmen verpflichtet, folgende Hinweisschilder gut lesbar am Check-In-Schalter anzubringen: „Wenn Ihnen die Beförderung verweigert wird oder wenn Ihr Flug annulliert wird oder um mindestens zwei Stunden verspätet ist, verlangen Sie am Abfertigungsschalter oder am Flugsteig schriftliche Auskunft über Ihre Rechte, insbesondere über Ausgleichs- und Unterstützungsleistungen."

Die Fluggesellschaft muss die Passagiere über Fluggastrechte aufklären.

Tritt ein solcher Fall ein, muss das Personal Ihnen ein Schriftstück aushändigen, das die Regeln für Ausgleichs-, Unterstützungs- und Betreuungsleistungen erklärt. Das Papier sollte auch die Kontaktdaten der in jedem EU-Mitgliedstaat vorhandenen Beschwerdestelle enthalten.

Leider kommt es vor, dass sowohl die Hinweistafel als auch das Informationsblatt fehlen. Dann erkundigen Sie sich am besten mündlich beim Schalter der Fluglinie über die Ihnen zustehenden Rechte. Denn nur ein informierter Passagier kann wissen, wie er sich bei Problemen richtig verhält.

Ihre Rechte im Überblick

Nichtbeförderung. Weigert sich eine Fluggesellschaft, Sie mitzunehmen, obwohl Sie rechtzeitig am Abflugschalter waren, können Sie – abhängig von der Flugstrecke und der Verspätung aufgrund anderweitiger Beförderung – eine Ausgleichsleistung zwischen 125 und 600 Euro beanspruchen.

Große Verspätungen. Eine Rückerstattung Ihres Flugpreises können Sie bei Verspätungen von mehr als fünf Stunden beantragen, sofern Sie Ihre Reise nicht fortsetzen.

Annullierung. Eine finanzielle Ausgleichsleistung wird fällig, falls Sie nicht 14 Tage vor dem Flug benachrichtigt wurden, falls Ihre Reise nicht zeitnah an dem von Ihnen ursprünglich reservierten Termin auf einen Alternativflug umgebucht wurde oder falls die Fluggesellschaft nicht nachweisen kann, dass die Annullierung durch außerordentliche Umstände verursacht wurde.

Unterstützungsleistungen der Fluggesellschaften. Wurde Ihnen die Beförderung verweigert oder Ihr Flug wurde annulliert oder ist verspätet, haben Sie je nach den Umständen Anspruch auf Unterstützung in Form von Verpflegung, Kommunikation und – bei Bedarf – Übernachtung. Im Fall einer Nichtbeförderung oder einer Annullierung haben Sie die Wahl zwischen der Fortsetzung Ihrer Flugreise oder der Rückerstattung des Flugpreises.

Eingeschränkte Mobilität. Personen mit Behinderungen und Passagiere mit eingeschränkter Mobilität sind gegen Diskriminierungen geschützt und haben seit 26. Juli 2008 unter bestimmten Bedingungen in allen Flughäfen der EU Anspruch auf geeignete Unterstützungsleistungen.

Identität der Fluggesellschaft. Sie müssen im Voraus informiert werden, welche Gesellschaft Ihren Flug durchführt. Die als unsicher eingestuften Gesellschaften erhalten in der EU eine Betriebsuntersagung oder unterliegen Beschränkungen. Sie stehen auf einer Schwarzen Liste, die unter http://ec.europa.eu/transport/air-ban abrufbar ist.

Haftung. Fluggesellschaften können für Schäden an Gepäckstücken haftbar gemacht werden. Sie haften jedoch nicht, wenn sie alle geeigneten Maßnahmen ergriffen haben, um Schäden abzuwenden oder wenn es nicht möglich war, solche Maßnahmen zu ergreifen.

Informationspflicht. Fluggesellschaften sind gesetzlich verpflichtet, Sie über Ihre Rechte zu informieren und Ihnen mitzuteilen, wo Sie sich beschweren können.

Die Tücken des Fliegens

Der Fluggastrechte-Report 2006 des Netzwerkes der Europäischen Verbraucherzentren zeigt, dass die Einhaltung der Fluggastrechte nach wie vor nicht selbstverständlich ist. Nahezu 5000 Beschwerden gingen bei den Europäischen Verbraucherzentren ein, was eine Verdoppelung im Vergleich zum Jahr 2005 bedeutet. Bedauerlicherweise versuchen viele Luftfahrtunternehmen nach wie vor, die EU-Verordnung zu ignorieren.

Europäisches Verbraucherzentrum hilft

Auch nach Einführung der EU-Verordnung tun sich Fluggesellschaften schwer, Beschwerden ihrer Kunden rasch und unbürokratisch zu behandeln. Sind Verbraucher mit der Leistung eines Luftfahrtunternehmens nicht zufrieden, können sie sich vom Netzwerk der Europäischen Verbraucherzentren (EVZ) beraten und betreuen lassen. Die Experten des EVZ nehmen die juristische Erstanalyse vor und sind bemüht, Konsumentenrechte außergerichtlich zu vertreten. Im Idealfall sorgen sie für eine kostenfreie Lösung zugunsten des Verbrauchers. In Österreich ist das EVZ im Verein für Konsumenteninformation beheimatet (Adresse ► Seite 124).

Schriftliche Beweise sind von Airlines schwer zu bekommen.

Allerdings wissen immer mehr Menschen über ihre Rechte als Passagier Bescheid und melden Missstände deshalb auch.

Wie erwähnt, stützt sich bei nicht planmäßigen Abflügen die Argumentation der Airlines oft auf außergewöhnliche Umstände. Dabei kommt bei den Kunden das frustrierende Gefühl auf, es handle sich um bloße Schutzbehauptungen. Denn fordert man schriftliche Beweise für die schlechten Wetterbedingungen oder den unvorhersehbaren technischen Defekt, lässt einen das zuständige Personal häufig abblitzen. Recht haben ist also nicht gleich Recht bekommen, und das Durchsetzen der Fluggastrechte auf außergerichtlichem Weg erweist sich in vielen Fällen als unmöglich.

Auch wäre eine europaweite Insolvenzabsicherung bei der Buchung von Flügen dringend notwendig. Konkurse von Airlines kommen immer häufiger vor und die Passagiere sind dabei in der schwächeren Position, weil sie den Ticketpreis ja im Voraus zahlen. Hier ist der Gesetzgeber also noch gefordert.

Und so verleihen Sie Ihrer Beschwerde Gewicht:

- Wenden Sie sich mit Ihrer Beschwerde zunächst schriftlich (am besten per Einschreiben; Musterbriefe ► Seite 47 ff.) an die Fluglinie bzw. bei Pauschalreisen an den Reiseveranstalter als Ihr vertragliches Luftfahrtunternehmen. Verlieren Sie weder Geduld noch Mut, erfahrungsgemäß kann die Antwort einige Wochen auf sich warten lassen. Urgieren Sie gegebenenfalls noch einmal.
- Bleibt das Antwortschreiben aus oder ist es nicht zufriedenstellend, wenden Sie sich an die Fluggastrechte-Servicestelle des Verkehrsministeriums oder an die Konsumentenberatungsstelle des VKI. Bei Problemen mit ausländischen Fluglinien erhalten Sie Hilfe im Europäischen Verbraucherzentrum Wien, das ebenfalls im VKI angesiedelt ist (Adressen ► Seite 124 ff.).
- Sollte es trotz aller Bemühungen zu keiner Einigung mit der Fluglinie kommen, bleibt Ihnen nur noch der Gang zu Gericht.

Musterbrief Nichtbeförderung

Karin Reiser
Luftburggasse 25
2222 Altendorf

An die
Austro-Air-AG
Fliegerstraße 2
3333 Neustadt

Altendorf, 22.9.2008

EINSCHREIBEN
Beanstandung wegen Nichtbeförderung

Sehr geehrte Damen und Herren,

ich habe über das Reisebüro XY bei Ihrer Gesellschaft einen Flug von Wien nach Rom gebucht. Die Flugnummer lautet XY4711, Datum des Hinflugs war der 17.9.2008, Datum des Rückflugs der 20.9.2008.

Aufgrund der Überbuchung des Hinfluges konnte ich nicht zum gebuchten Reiseziel befördert werden. Mit dem von Ihnen angebotenen Ersatzflug erreichte ich mein Ziel erst vier Stunden später. Gemäß der EU-Verordnung 261/2004 steht mir deshalb folgende Entschädigung zu:

1) Finanzielle Entschädigung: € 250 Euro.
2) Entschädigung für Mahlzeiten, Erfrischungen, Telefonate: € 35

Ich fordere Sie auf, den Betrag von € 285 auf mein Girokonto bei der Hausbank, Kontonummer 2222222, Bankleitzahl 2222 zu überweisen. Sollte der geforderte Betrag nicht binnen 14 Tagen auf meinem Konto eingegangen sein, behalte ich mir weitere rechtliche Schritte vor.

Mit freundlichen Grüßen
Karin Reiser

Beilagen: Kopien Flugticket/Spesenrechnungen

Musterbrief Flugannullierung

Karin Reiser
Luftburggasse 25
2222 Altendorf

An die
Austro-Air-AG
Fliegerstraße 2
3333 Neustadt

Altendorf, 22.9.2008

EINSCHREIBEN
Beanstandung wegen Flugannullierung

Sehr geehrte Damen und Herren,
ich habe über den Reiseveranstalter XY bei Ihrer Gesellschaft einen Flug von Wien nach Barcelona gebucht. Die Flugnummer lautet XY4712, Datum des Hinflugs war der 1.10.2008, Datum des Rückflugs der 8.10.2008.

Aufgrund der Annullierung des Hinfluges konnte ich nicht an das gebuchte Ziel befördert werden. Da mir die Annullierung erst drei Stunden vor dem geplanten Abflug mitgeteilt wurde, stehen mir nach der EU-Verordnung 261/2004 folgende Entschädigungsleistungen zu:

1) Finanzielle Entschädigung: € 400
2) Entschädigung für Mahlzeiten, Getränke, Telefonate und Rücktransport nach Hause: € 75

Gegebenenfalls:

3) Rückerstattung des Ticketpreises binnen 7 Tagen, da der Flug zwecklos geworden ist: € 523

Ich fordere Sie auf, den Betrag von € 998 (475) auf mein Girokonto …

Mit freundlichen Grüßen
Karin Reiser

Beilagen: Kopien Flugticket/Spesenrechnungen

Musterbrief Flugverspätung

Karin Reiser
Luftburggasse 25
2222 Altendorf

An die
Austro-Air-AG
Fliegerstraße 2
3333 Neustadt

Altendorf, 22.9.2008

EINSCHREIBEN
Beanstandung wegen Flugverspätung

Sehr geehrte Damen und Herren,
ich habe über Ihre Website bei Ihrem Unternehmen einen Flug Wien – Paris – Los Angeles gebucht. Die Flugnummer lautet XY4713, Datum des Hinfluges war der 7.10.2008, Datum des Rückfluges der 21.10.2008. Aus Gründen, die den Passagieren nicht näher mitgeteilt wurden, verschob sich die geplante Abflugszeit von Wien um zweieinhalb Stunden. Es war mir demnach nicht mehr möglich, meinen für 10.30 Uhr angesetzten Anschlussflug in Paris zu erreichen. Daher war ich gezwungen, den ursprünglich geplanten Flug gegen Aufpreis von € 499 umzubuchen.
Gegebenenfalls:
Da der Ersatzflug erst am 8.10.2008 stattfand, musste ich außerdem eine Nacht im Hotel XY verbringen. Die Kosten für Übernachtung und Verpflegung betrugen € 145.
Oder:
Der Flug nach Los Angeles hat dadurch seinen Nutzen für mich verloren. Ich fordere Sie daher auf, mir Ticketkosten in Höhe von € 752 binnen sieben Tagen zu ersetzen.

Gemäß der EU-Verordnungen 889/2002 und 261/2004 stehen mir zusammenfassend folgende Entschädigungen zu:
Auflistung der Einzelposten.
Ich fordere Sie auf, den Gesamtbetrag auf mein Girokonto …

Mit freundlichen Grüßen
Karin Reiser

Beilagen: Kopien Flugticket/Spesenrechnungen

Crossticketing

Mitunter ist es preiswerter, zwei billige Hin- und Rückflug-Tickets mit sich überkreuzenden Flugdaten zu kaufen als einen regulären Hin- und Rückflugschein. Der Kunde spart dann Kosten, obwohl er zunächst einen Rückflug und dann einen Hinflug verfallen lässt. Ein solches Vorgehen wollen die Fluglinien mit einer Regelung in ihren Allgemeinen Geschäftsbedingungen verhindern. Deren Konsequenz: Wird der Hinflug aus irgendeinem Grund nicht angetreten, verfällt auch das Ticket für den Rückflug.

Die Regelung ist gesetzeswidrig, denn der Luftbeförderungsvertrag ist rechtlich gesehen ein Werkvertrag, der immer auch teilkündbar ist. Es gab in dieser Sache bereits zwei Urteile gegen eine deutsche Fluggesellschaft. Dennoch wurden bislang weder die Praxis noch die AGB der Unternehmen geändert.

Auch der VKI strengte im Auftrag des Konsumentenschutzministeriums einen Musterprozess gegen eine österreichische Airline an, nachdem eine Verbraucherin den Hinflug wegen Krankheit nicht antreten konnte und man ihr den Rückflug unter Berufung auf die Klausel in den AGB verweigerte. Das Luftfahrtunternehmen wollte sich jedoch offenbar auf das Verfahren nicht einlassen und erhob keinen Einspruch. Somit wurde der Zahlungsbefehl rechtskräftig.

Gepäcksprobleme

Was tun, wenn die Koffer verspätet ankommen, beschädigt wurden oder überhaupt verloren gegangen sind? Schwierigkeiten mit dem Fluggepäck treten durchaus häufig auf, wie eine Studie der Vereinigung der Europäischen Fluglinien belegt: Pro 1000 Gepäckstücke sind immerhin 15 von derartigen Problemen betroffen. Und 33 Prozent der Beschwerden, die bei den Europäischen Verbraucherzentren eingehen und mit Flugreisen zusammenhängen, beziehen sich auf Schwierigkeiten mit dem Transport von Gepäck.

Seit 28.6.2004 gelten in vielen Staaten, darunter allen Mitgliedsländern der Europäischen Union (EU), sowie in den USA, Kanada, Japan und China verbesserte Haftungsregeln im Flugverkehr für Personen-, Gepäck- und Verspätungsschäden. Diese Regelungen sind im Montrealer Übereinkommen festgelegt. Die verschärften Bestimmungen im Lufttransport umfassen neben internationalen Beförderungen auch Inlandsflüge.

Beschädigung von Gepäckstücken

Die Fluggesellschaft haftet bei Gepäcksbeschädigung.

Nach Artikel 17 des Montrealer Übereinkommens haftet das Luftfahrtunternehmen für die Zerstörung, den Verlust oder die Beschädigung von Reisegepäck, sofern der Schaden nicht auf das Gepäcksstück selbst oder dessen mangelhaften Inhalt zurückzuführen ist.

Falls Sie z.B. lebende Tiere in Ihrem Koffer aufgeben, steht Ihnen kein Ersatz zu, wenn die Tiere den Flug nicht überleben, denn der Transport von Tieren unterliegt wesentlich strengeren Auflagen. Auch von einer Weinflasche, die im aufgegebenen Koffer zerbricht, ersetzt Ihnen die Fluglinie keinen einzigen Tropfen.

Die Haftungsgrenzen im Montrealer Übereinkommen sind in einer künstlichen Währungseinheit, den Sonderziehungsrechten (SZR), angegeben. So muss eine Fluglinie Ihnen bei Gepäckschäden oder -verlust nur bis zu 1000 SZR ersetzen, was etwa 1100 Euro entspricht. Wollen Sie sich gegen einen höheren Schaden absichern, müssen Sie den Wert Ihres Gepäcks bei der Aufgabe deklarieren und einen entsprechenden Zuschlag bezahlen.

Für Schäden an aufgegebenen Gepäckstücken haftet das Luftfahrtunternehmen in jedem Fall, bei Handgepäck inklusive persönlicher Gegenstände jedoch nur dann, wenn es die Beschädigung verursacht hat. Schüttet also eine Flugbegleiterin Kaffee über Ihre Designer-Handtasche und lassen sich die Flecken nicht mehr entfernen, erhalten Sie Ersatz. Bekleckern Sie die Tasche an Bord des Fliegers hingegen selbst, gehen Sie leer aus.

Verspätungsschäden

Nach Artikel 19 des Montrealer Übereinkommens hat die Fluggesellschaft all jene Schäden zu ersetzen, die dem Passagier und seinem Gepäck durch eine Verspätung entstanden sind. Ausnahme: Die Airline haftet nicht, wenn sie nachweist, dass sie alle zumutbaren Maßnahmen getroffen hat, um den Schaden zu vermeiden. Auch hier gilt ein Höchstbetrag von 1000 SZR (rund 1100 Euro), sofern das Luftfahrtunternehmen den Schaden nicht vorsätzlich oder grob fahrlässig herbeigeführt hat.

Wenn also Ihr Gepäck verspätet am Urlaubsort eintrifft und Sie sich dringend benötigte Toiletteartikel und Kleidungsstücke vor Ort kaufen müssen, können Sie die Kosten dafür der Fluglinie in Rechnung stellen. Allerdings mit einer Einschränkung, denn nach den Grundsätzen des Schadenersatzrechtes müssen sich Geschädigte allfällig erlangte Anteile anrechnen lassen.

Die Kosten für den Ersatz von Gebrauchsgegenständen werden nur teilweise refundiert.

Was wiederum in der Praxis bedeutet, dass Fluglinien oft die Kosten für Toiletteartikel zur Gänze, den Preis von Kleidungsstücken oder anderen Gebrauchsgegenständen aber nur zur Hälfte ersetzen. Die Begründung dafür ist, dass der Passagier seinen Koffer ja ohnehin zurückerhält und die zusätzlich gekauften Dinge dann auch weiterhin nutzen kann. Ob ein erlittener Schaden im konkreten Fall höher ist, müsste gerichtlich geklärt werden. Da das Gesetz die Pflicht zur Schadensminderung vorschreibt, raten wir bei der Anschaffung von Ersatzgegenständen generell dazu, die Ausgaben im Rahmen vertretbarer Qualität möglichst gering zu halten.

So machen Sie bei Gepäcksproblemen Ihren Anspruch geltend

Am Airport. Wichtig ist, gleich am Flughafen eine Schadensmeldung (PIR – Property Irregularity Report) auszufüllen und den Durchschlag dieses Formulars gut aufzuheben.

Unterlagen aufbewahren. Heben Sie auch Ihr Ticket und die Gepäcknummer sorgfältig auf.

Unverzüglich reagieren. Wurde Ihr aufgegebenes Gepäck beschädigt, müssen Sie dies der Fluglinie binnen sieben Tagen ab Annahme des Gepäcks schriftlich melden.

Nachzügler. Schäden aus einer Gepäcksverspätung müssen Sie innerhalb von 21 Tagen schriftlich geltend machen.

Gepäckverlust. Ein nicht eingetroffenes Gepäckstück wird erst nach 21 Tagen als verloren eingestuft. Ab diesem Zeitpunkt können Sie gegenüber der Fluggesellschaft Schadenersatz für den Verlust Ihres Koffers samt Inhalt fordern. Machen Sie Ihren Anspruch am besten umgehend mit eingeschriebenem Brief geltend.

Bei Gericht. Eine Klage kann nach Wahl des Klägers sowohl gegen das ausführende als auch gegen das vertragliche Luftfahrtunternehmen oder gegen beide binnen zwei Jahren eingebracht werden.

Dokumentieren

TIPP

Befördern Sie wertvolle Gegenstände im Handgepäck. Wollen Sie auf Nummer sicher gehen, erstellen Sie vor der Abreise zumindest eine ungefähre Liste des Kofferinhalts und heben Sie die Rechnungen von Ihren Einkäufen am Urlaubsort auf.

Wie Fluggepäck beschaffen sein muss

Laut einer EU-Richtlinie, die am 6. November 2006 in Kraft getreten ist, betragen die maximalen Ausmaße für ein Gepäckstück, das man in die Flugzeugkabine mitnehmen darf, 56 x 45 x 25 Zentimeter. Einige Fluglinien, darunter auch österreichische, haben die Norm aber noch immer nicht umgesetzt (Stand November 2008). Beispielsweise erlaubt die AUA ihren Kunden in der Economy Class nur ein Stück Handgepäck mit maximal 55 x 40 x 23 Zentimeter Größe und höchstens acht Kilogramm Gewicht.

Nicht immer wird man vorab entsprechend informiert. So erlebte eine Konsumentin die böse Überraschung erst am Check-In-Schalter: Weil ihr Handgepäck schwerer war, musste sie pro Kilogramm Übergewicht 30 Euro „Strafgebühr" bezahlen. Da die Airlines bezüglich des Handgepäcks unterschiedliche Bestimmungen haben, informieren Sie sich am besten schon bei der Buchung nach den jeweiligen Einschränkungen

Besondere Bestimmungen fürs Handgepäck

Verschärfte Vorschriften für Flüssigkeiten im Handgepäck.

Flüssigkeiten, Gels und Sprays (wie z.B. Getränke, Pflegeprodukte und Kosmetikartikel) sind im Handgepäck gestattet, vorausgesetzt sie entsprechen den folgenden Bestimmungen:

- Behälter mit Flüssigkeiten und ähnlichen Produkten dürfen bis zu 100 Milliliter oder 100 Gramm fassen (es gilt die aufgedruckte Höchstfüllmenge).
- Alle Tuben, Fläschchen, Dosen, etc. müssen einzeln in einem transparenten, wiederverschließbaren Plastikbeutel (Zipper) mit maximal einem Liter Fassungsvermögen transportiert werden.
- Pro Passagier darf nicht mehr als ein Beutel mitgenommen werden.
- Der Beutel muss bei der Sicherheitskontrolle separat vorgezeigt werden.

Medikamente und Spezialnahrung (z.B. Babybreie), die während der Reise benötigt werden, können außerhalb des Plastikbeutels transportiert werden. Diese Artikel müssen Sie ebenfalls bei der Sicherheitskontrolle vorlegen. Produkte und Beutel, die den Vorschriften nicht entsprechen, dürfen Sie nicht mit an Bord nehmen.

Weitere Flüssigkeiten müssen im aufgegebenen Gepäck untergebracht werden, wobei Sie darauf achten sollten, die Flüssigkeiten sicher zu verpacken. Für bestimmte Strecken können noch strengere Sicherheitsbestimmungen gelten. Die zuständigen Behörden empfehlen Fluggästen, die Auflagen schon bei der Reiseplanung zu berücksichtigen und die Flüssigkeiten bereits zu Hause vorschriftsmäßig zu verpacken.

Artikel, die Sie an Flughäfen in der Europäischen Union oder an Bord von in der EU registrierten Flugzeugen erworben haben, dürfen Sie in einem manipulationssicheren Plastiksack mitführen, wenn Sie einen Kaufbeleg vom selben Tag vorweisen können. Beachten Sie jedoch eventuell abweichende Bestimmungen für das Handgepäck bei sogenannten Codeshare-Flügen, die von Drittstaaten aus durchgeführt werden.

Für auf Flughäfen gekaufte Produkte ist ein Plastiksack mit Einmalverschluss vorgeschrieben.

Bei diesen Flügen teilen sich nämlich zwei oder mehrere Fluggesellschaften einen Linienflug. Jede der beteiligten Gesellschaften führt den Flug unter einer eigenen Flugnummer (Code) durch.

Der Einmalverschluss des oben erwähnten manipulationssicheren Plastiksacks wird von der Verkaufsstelle Ihrer Mitnahmeartikel vorgenommen. Bei Transferflügen sollten Sie diesen Sack erst am Flughafen des Zielortes öffnen.

Für die Mitnahme von flüssigen Produkten im Handgepäck auf Direkt- und Umsteigeverbindungen in die USA gelten spezielle Bestimmungen, die Sie an der Verkaufsstelle erfahren. Artikel, die Sie nach der Sicherheitskontrolle einkaufen, brauchen Sie nicht in derartige manipulationssichere Plastiksäcke verpacken lassen.

Faustregeln fürs Fluggepäck

Das sollte ins Handgepäck:	z.B. Geld, Schmuck, Laptop, Filmkamera, Fotoapparat, Reisepass, Ausweispapiere, Geschäftsunterlagen, Effekten (an der Börse gehandelte Wertpapiere)
Das gehört ins aufgegebene Gepäck:	z.B. Sportgeräte wie Angelruten, Harpunen, Jagdgewehre, Schlittschuhe, Ski, Wanderstöcke und Kajakpaddel sowie spitze oder scharfkantige Werkzeuge.
Das sollte besser zu Hause bleiben:	z.B. Campinggasflaschen, Feuerwerkskörper, Fackeln, Fahrzeugbatterien, radioaktives Material auch für medizinische Zwecke, Bleich- und Oxidationsmittel.

Golfschläger und Skateboards dürfen nicht an Bord eines Fliegers.

Grundsätzlich ist es untersagt, bestimmte Utensilien mit in die Flugzeugkabine zu nehmen. Dazu zählen etwa lose Rasierklingen, Angelruten, Golfschläger, Skateboards oder Spielzeugpistolen. Die vollständige Liste der im Gepäck verbotenen Gegenstände finden Sie auf der Website des Verkehrsministeriums unter dem Link http://www.bmvit.gv.at/verkehr/luftfahrt/sicherheit/handgepaeck.html.

Gepäck auf Abwegen

Dass Sie nonstop von London nach Wien fliegen und Ihr Koffer währenddessen eine Stippvisite nach Japan unternimmt, kommt Ihnen vielleicht bekannt vor. Mit einer äußerst kuriosen Auslegung der Gepäckvorschriften war vor wenigen Monaten – sehr zu ihrem Schaden – eine Konsumentin konfrontiert: Die Frau unternahm eine Geschäftsreise per Fernflug mit einer österreichischen Airline und hatte ihr Notebook in einer 40 x 22 x 20 Zentimeter großen Tasche fürs Handgepäck verstaut.

Alles vorschriftsmäßig, würde man meinen. Nicht so nach Ansicht des Flugpersonals. Beim Bording wurde der Passagierin mitgeteilt, dass sie ihr Handgepäck nicht mitnehmen dürfe, andernfalls könne sie nicht einsteigen. Sie müsse das wertvolle Gepäckstück stattdessen aufgeben und würde es dann am Zielort wiederbekommen. Was jedoch nie geschah: Das Notebook blieb für immer verschollen.

Zwar bekam die Konsumentin den Zeitwert des Gerätes später von der Reiseversicherung ersetzt, ihr Reisegrund war aber durch den Verlust des Notebooks samt Spezialsoftware weggefallen. Hinzu entstanden der Frau zusätzliche Hotel- und Verpflegungskosten, weil sie mehrere Tage vergeblich auf das Eintreffen des Gepäcks bzw. den nächstmöglichen Heimflug gewartet hatte.

Trotz Intervention durch den VKI war die Fluggesellschaft nicht bereit, Schadenersatz zu leisten. Deshalb strengte der VKI im Auftrag des Konsumentenschutzministers eine gerichtliche Klage an und bekam in erster Instanz Recht. Ob die Fluglinie dagegen Einspruch erhebt, wird mit Spannung erwartet.

Die Autoreise

Versicherungsschutz

Autounfall im Ausland

Unterwegs mit dem Mietwagen

Gut versichert

Wenn jemand eine Reise tut, so kann er was erzählen, heißt es poetisch schön bei Matthias Claudius. Damit Sie auf Ihrer Autoreise keine unschönen Überraschungen erleben, müssen Sie vorsorgen. In diesem Kapitel erfahren Sie, weshalb Sie die Grüne Versicherungskarte immer dabeihaben sollten, wann eine Reisekaskoversicherung Sinn macht, worauf Sie beim Mieten eines Wagens am besten achten und wie Sie bei einem Unfall im Ausland zu Ihrem Recht kommen.

Die Grüne Versicherungskarte

Prinzipiell sollte innerhalb der EU das österreichische Kfz-Kennzeichen als Nachweis eines bestehenden Haftpflichtversicherungsschutzes ausreichen. Die Praxis in vielen Ländern sieht jedoch anders aus. Auch wenn die Grüne Versicherungskarte als Bescheinigung des Versicherungsschutzes nicht vorgeschrieben ist, wird sie bei Verkehrskontrollen oftmals trotzdem verlangt. Fehlt dann das Formular, kann es vorkommen, dass die Polizei das Fahrzeug beschlagnahmt.

Die Grüne Versicherungskarte weist eine bestehende Haftpflichtversicherung nach.

Obwohl die lokalen Behörden sich in einem solchen Fall falsch verhalten, raten wir Ihnen zum Mitführen der Grünen Karte, damit Sie sich derartige Unannehmlichkeiten ersparen. Ein weiterer Vorteil des Papiers: Bei einem Unfall ist der Austausch der Versicherungsdaten durch Übergabe einer Kopie der Grünen Karte wesentlich einfacher.

Übrigens: Falls Ihre Versicherung Ihnen das Blatt nicht automatisch zusendet, können Sie es dort kostenlos anfordern. Das sollten Sie jährlich tun, denn die Gültigkeit ist auf zwölf Monate beschränkt.

Wo Sie die Grüne Karte mitführen müssen
In folgenden Staaten ist das Formular Pflicht:
- Albanien
- Bosnien-Herzegowina

- Mazedonien
- Moldawien
- Ukraine
- Weißrussland
- Serbien und Montenegro

Wenn Sie in die beiden letztgenannten Länder reisen, achten Sie auf die neue Bezeichnung SRB. Die alte Länderbezeichnung SCG gilt nur noch bis 31.7.2009. Für den Kosovo reicht die Grüne Karte nicht, Sie müssen an der Grenze eine Grenzversicherung abschließen.

In der Türkei, in Tunesien, Marokko, Israel und im Iran ist eine so genannte Große Grüne Karte erforderlich, in welche die Versicherung gegen Zahlung einer erhöhten Prämie für die Zeit der Reise das jeweilige Länderkennzeichen gesondert einträgt. Ist das Kürzel falsch oder vergisst man den Schein, hat man beim Zollamt eine Grenzversicherung abzuschließen. Mit einer häufig stark überhöhten Prämie erkauft man sich allerdings nur geringen Schutz, denn die nationalen Deckungssummen sind meist deutlich niedriger als hierzulande.

Die Reisekaskoversicherung

Eine Reisekaskoversicherung während der Urlaubszeit kann sinnvoll sein.

In der Angebotspalette vieler Versicherungsunternehmen und Autofahrerclubs findet sich eine Zeitwert-Kaskoversicherung, die etwa den Fahrzeugdiebstahl sowie durch Unfall, Vandalismus und Naturgewalt entstandene Schäden während einer Urlaubsreise abdeckt. Idealerweise lässt sich der Vertrag flexibel an die Dauer Ihres Auslandsaufenthaltes anpassen. In der Regel verlangen die Versicherer eine Vorbesichtigung des Fahrzeuges und eine entsprechende Bestätigung auf der Polizze. Wer dies verabsäumt, muss im Fall des Falles einen stark erhöhten Selbstbehalt bezahlen.

Sinnvoll ist eine Reisekaskoversicherung dann, wenn Sie über keine ständige Kaskoversicherung verfügen, Ihr Auto relativ neu ist und Sie in ein Land mit hohem Diebstahlsrisiko fahren. Doch auch bei einem Verkehrsunfall im Ausland kann es sich mitunter sehr kompliziert gestalten, dass Sie zu Ihrem Recht und damit zu Ihrem Geld kommen. Unklare Rechtslagen, sprachliche Barrieren und unterschiedliche Schadenersatzregelungen ziehen die Verfahren oft für Jahre in die Länge. Am einfachsten lässt sich das finanzielle Risiko eines Unfalls im Ausland mit einer Reisevollkasko-Versicherung minimieren. Denn zahlt die Versicherung des Unfallgegners nicht sofort, springt der eigene Vollkaskoschutz ein.

Ein Unfall im Ausland

Die Bremsen quietschen, es gibt einen Knall, die Airbags blähen sich auf. Ein solches Szenario fürchtet wohl jeder Autofahrer. Besonders unerfreulich ist es, wenn der Crash sich ausgerechnet während eines Urlaubs in der Fremde ereignet. Und wie bei einem Unfall in Österreich befinden sich alle Beteiligten in einem Ausnahmezustand. Deshalb gilt auch hier zunächst: Ruhe bewahren, Unfallstelle absichern, wenn nötig Erste Hilfe leisten und die Rettung über die Euro-Notrufnummer 112 alarmieren.

Was tun, wenn's kracht?

Der Europäische Unfallbericht gehört in jedes Handschuhfach.

Sind die wichtigsten Sicherheitsmaßnahmen getroffen, können Sie daran gehen, den Schaden möglichst reibungslos zu regulieren. Dafür müssen Sie Personen-, Fahrzeug- und Versicherungsdaten mit den anderen am Unfall Beteiligten austauschen. Als bestes Hilfsmittel für die Darstellung des Unfallhergangs dient der Europäische Unfallbericht, der zur Standardausrüstung eines jeden Fahrzeuges gehört. Wenn beide Lenker den Vordruck an Ort und Stelle ausfüllen, ist eine gute Basis zur raschen Schadensabwicklung geschaffen. Nehmen Sie sich also ausreichend Zeit dafür, bleiben Sie sachlich und unterschreiben Sie nur Angaben, die Sie verstehen.

Eine Skizze und Fotos von Unfallstelle und -schäden sind im Streitfall ebenfalls hilfreich. Notieren Sie sich auch die Personalien von Zeugen. Bei Personenschäden muss grundsätzlich die Polizei benachrichtigt werden, bei Sachschäden kann man meist darauf verzichten. Funktioniert allerdings die Verständigung mit dem Unfallgegner nicht klaglos, bleibt keine andere Wahl: Lassen Sie die Funkstreife kommen und sich nach der Amtshandlung eine Kopie des Polizeiprotokolls aushändigen.

Eindringlich warnen möchten wir Sie vor privaten Unfallhelfern, die großzügig anbieten, Ihr Auto in eine Werkstatt abzuschleppen. Dieses Angebot könnte kriminelle Hintergründe haben. Und bei einem Unfall mit dem Mietwagen sollten Sie sofort die Mietwagenfirma informieren und das Auto keinesfalls auf eigene Faust abschleppen oder reparieren lassen.

Unfall im Ausland – Klage im Inland

Schadenersatzforderungen gegenüber der ausländischen Haftpflichtversicherung des Unfallgegners können seit kurzem mit einem österreichischen Schadenregulierer abgewickelt werden. Weigert sich die ausländische Versicherung zu bezahlen, kann auch Klage in Österreich eingebracht werden.

Seit kurzem sind bei einem Unfall im Ausland Geschädigte besser gestellt.

Diese Erleichterung wurde durch ein Urteil des Europäischen Gerichtshofes möglich. Denn bisher konnten sich ausländische Versicherungen meist darauf verlassen, dass Geschädigte aufgrund von Sprachschwierigkeiten und komplizierten Rechtsvorschriften langwierige Gerichtsverfahren im Ausland meiden. Dennoch ist zu bedenken: Die Bemessung des Schadens erfolgt nach dem Recht des Unfalllandes, auch wenn die Klage in Österreich eingebracht wird.

Unterwegs mit dem Mietwagen

Wer nicht mit dem eigenen Pkw verreist, nutzt oft die Gelegenheit, fremde Länder mit Mietauto zu erkunden. Aus seiner Beratungstätigkeit kennt der VKI viele Anbieter und weiß um Stolpersteine, die Verbrauchern oft zum Verhängnis werden.

Eine der häufigsten Beschwerden bezieht sich auf die Verrechnung von Reparaturkosten für angebliche Schäden, die dem Mieter angelastet werden. Auch wenn bei der Rückgabe des Fahrzeuges keinerlei Mängel festgestellt wurden, buchen manche Firmen Beträge über die Kreditkarte ab oder verrechnen einen Selbstbehalt. Viele Konsumenten können sich an keine Beschädigungen erinnern und fühlen sich betrogen. Da sich im Nachhinein aber kein Beweis führen lässt, bleiben Reklamationen leider oft erfolglos.

Die Mängelfreiheit eines Mietwagens immer schriftlich bestätigen lassen.

Der einzige Schutz gegen diese unlautere Praxis ist, das Auto gemeinsam mit einem Beschäftigten des Mietwagenunternehmens zu überprüfen, und zwar bei der Übernahme und bei der Rückgabe. Bestehen Sie darauf, dass bereits vorhandene Mängel in das Übergabeprotokoll aufgenommen werden, und lassen Sie sich bei der Rückgabe die Mängelfreiheit ebenfalls schriftlich bestätigen. Von einer Fahrzeugrückgabe außerhalb der Öffnungszeiten des Mietwagenunternehmens raten wir nachdrücklich ab, da man Ihnen dabei leicht angebliche Schäden unterjubeln kann.

Geld sparen durch Preisvergleich

Sie wollen in der Hauptsaison ein Auto auf einer Ferieninsel mieten? Geben Sie sich nicht mit einem einzigen Angebot zufrieden, denn in kaum einem anderen Bereich sind die Preisunterschiede für ein und dieselbe Leistung derart groß. So hat eine unserer Erhebungen (Konsument 7/2005) gezeigt, dass z.B. auf Rhodos die Differenz zwischen billigstem und teuerstem Anbieter nicht weniger als 212 Prozent beträgt! Wer also keinen Preisvergleich anstellt, zahlt mitunter gehörig drauf.

Sparen kann man aber nicht nur durch geschickte Auswahl des Anbieters. Oft ist die Online-Buchung und sofortige Überweisung des Tarifs um einiges günstiger als die spätere Bezahlung bei der Fahrzeugübernahme vor Ort. Doch Vorsicht: Auf den ersten Blick erscheinen manche Preise im Internet besonders klein. Bei genauerer Durchsicht des Vertrages zeigt sich aber, dass die Angebote von unterschiedlichen Voraussetzungen ausgehen. So müssen Sie bisweilen für eine Diebstahl- und Insassenunfallversicherung extra in die Tasche greifen.

Achten Sie außerdem auf die Bedingungen der Vollkaskoversicherung und bevorzugen Sie eine Variante ohne Selbstbehalt, denn ein Kratzer liegt in engen Gassen idyllischer Urlaubsorte durchaus im Bereich des Möglichen, und dafür wären dann gleich bis an die tausend Euro fällig. Zusätzliche Gebühren können auch für die Buchung selbst, die Übernahme (Flughafenzustellung, Nachtzuschlag, Verspätungszuschlag), die Straßenbenutzung (Road-Tax), die Einwegmiete (Rückgabe an einem anderen Ort), Kindersitze, zusätzliche Lenker sowie für junge Lenker und Führerscheinneulinge anfallen.

Bei Mietautos eine Vollkaskoversicherung ohne Selbstbehalt wählen.

Hier unsere wichtigsten Tipps zum Thema Mietwagen:

- Halten Sie sich an die speziellen Urlaubsangebote einiger Vermieter. Ihr Preis liegt alles in allem deutlich unter den regulären Tarifen für Business-Reisende.
- Reservieren Sie den Mietwagen rechtzeitig, denn gerade in der Hauptsaison sind kleinere, günstigere Autos oft schon ausgebucht.
- Buchen Sie den Mietwagen von zu Hause aus. Das hat den Vorteil, dass Ihnen die Vertragsbedingungen auf Deutsch vorliegen und bei eventuellen Streitigkeiten der Gerichtsstand Österreich ist.
- Achten Sie auf die Tankregelung. Wenn Sie das Fahrzeug mit leerem Tank retournieren, werden oft horrende Spritpreise und Zusatzgebühren verrechnet. Falls Sie tanken, bewahren Sie sicherheitshalber auch die Rechnung der Tankstelle auf.
- Die in der Mietwagenbranche leider übliche Praxis, vom Kunden einen Blankoslip der Kreditkarte anstelle einer Kaution zu verlangen, ist nach den Geschäftsbedingungen der Kreditkartenfirmen genau genommen unzulässig. Weil es dadurch besonders leicht zu der kritisierten Nachverrechnung von Schäden kommt, raten wir generell davon ab, Blankoanweisungen auszustellen.

- Bewahren Sie alle Unterlagen gut auf. So verhindern Sie, dass Ihnen ein anderer Preis als der vereinbarte verrechnet wird.

Problem Deckungssummen
Zu einer wahren Falle können die im europäischen Ausland zum Teil extrem niedrigen Deckungssummen der Kfz-Haftpflichtversicherung werden. Erfahrungsgemäß verursachen Autounfälle, speziell wenn Personen zu Schaden kommen, sehr hohe Kosten. Oft reicht dann die gesetzliche Mindestdeckungssumme nicht aus, um Ansprüche der Geschädigten zu befriedigen. In einem solchen Fall haftet der Unfallverursacher in unbegrenzter Höhe mit seinem Privatvermögen.

Bei zu niedriger Haftpflicht-Deckungssumme eine Zusatzversicherung abschließen.

Erkundigen Sie sich deshalb unbedingt vor dem Abschluss eines Mietwagenvertrages, wie hoch die Haftpflicht-Deckungssumme ist. Sollte diese nicht ausreichen, empfehlen wir den Abschluss einer Zusatzversicherung. Klären Sie jedoch vorher, ob nicht allenfalls der Haftpflichtversicherer Ihres eigenen Autos eine derartige Deckung gewährleistet.

Was unbedingt ins Auto gehört

Warnweste, Feuerlöscher, Ersatzlampen – die Missachtung von Mitführpflichten kann ärgerliche Strafen nach sich ziehen. Wer eine längere Fahrt plant, sollte daher die Ausrüstung seines Pkw auf den neuesten Stand bringen und die verkehrsrechtlichen Bestimmungen in seinem Urlaubsland kennen.

Da wäre einmal die Warnweste, die neben Verbandskasten und Warndreieck zum verpflichtenden Standard gehört. In Österreich muss sie zwar nur der Lenker tragen, wenn er bei Pannen außerhalb des Ortsgebietes das Fahrzeug verlässt. Aus Sicherheitsgründen ist es jedoch sinnvoll, Warnwesten für alle Mitfahrenden dabeizuhaben. In vielen europäischen Staaten schreibt das Gesetz ohnehin vor, dass alle Insassen beim Aussteigen nach einem Unfall diese anlegen müssen (z.B. Italien, Spanien, Slowenien, Kroatien, Ungarn und Bulgarien).

In einigen Ländern, z.B. in Griechenland, Rumänien, Bulgarien, Estland, Lettland, Litauen und der Türkei, muss ein Feuerlöscher mit an Bord sein. In Slowenien, Kroatien, Mazedonien, Montenegro und Serbien wiederum sind Autolenker verpflichtet, ein zweites Warndreieck mitzuführen, wenn sie mit einem Anhänger fahren. Und in der Frage „Licht am Tag" sind sich die Behörden diverser Staaten überhaupt uneinig. Da mancherorts ein defekter Scheinwerfer oder gar das Fehlen von Ersatzlampen eine Strafe nach sich ziehen kann, ist ein passendes Glühbirnenset im Handschuhfach kein Fehler.

Die Mitführpflichten sind in den einzelnen Ländern sehr unterschiedlich.

Auch das A-Pickerl hat noch lange nicht ausgedient. Sie benötigen den Aufkleber, wenn an Ihrem Auto anstatt des EU-Kennzeichens eine alte schwarze Nummerntafel montiert ist. Und bei Fahrten außerhalb der Europäischen Union raten wir ohnehin, zusätzlich zum EU-Kennzeichen ein A-Pickerl anzubringen.

Autoapotheke überprüfen

Jeder Kraftfahrer muss in Österreich und vielen anderen Ländern Materialien zur Leistung von Erster Hilfe mitführen, die staubdicht verpackt und zur Wundversorgung geeignet sind. Wie Tests von Autofahrerorganisationen aber immer wieder zeigen, sind viele dieser mitgeführten Autoapotheken schlicht unbrauchbar: Verstaubte Sets, die mit Leukoplast zusammengeklebt werden, damit sie nicht auseinander fallen, abgelaufenes Verbandmaterial, rostige Scheren, fehlende Handschuhe

Das gehört in die Autoapotheke

CHECKLISTE

- ☐ Dreiecktücher
- ☐ Verbandtuch
- ☐ Pflasterstrips
- ☐ Momentverband
- ☐ Rettungsdecke
- ☐ medizinische Einmalhandschuhe
- ☐ Notfallbeatmungstuch
- ☐ Wundauflage
- ☐ Heftpflaster
- ☐ Wundschnellverband
- ☐ elastische Mullbinden
- ☐ Verbandschere
- ☐ Anleitung für Erste-Hilfe-Sofortmaßnahmen

oder Beatmungshilfen, um nur einige Beispiele zu nennen. Nicht selten werden die Behälter auch zum Lagern von Zusatzmaterial aller Art wie Glühlämpchen genutzt oder beherbergen, was der Autolenker gerade selbst für seine höchstpersönlichen Wehwehchen braucht.

Autoapotheke unbedingt jährlich kontrollieren.

Viele Autofahrer wissen zudem oft gar nicht, wo sich die Autoapotheke in ihrem Fahrzeug überhaupt befindet, weil sie sie jahrelang keines Blickes würdigen. Damit Sie im Fall des Falles die richtige Ausrüstung für lebensrettende Sofortmaßnahmen zur Verfügung haben, sollten Sie Ihre Autoapotheke routinemäßig einmal pro Jahr kontrollieren und spätestens nach sechs Jahren komplett austauschen.

Obwohl nicht zwingend vorgeschrieben, empfehlen wir einen Verbandskasten nach ÖNORM V 5101, wie er in Apotheken und bei Autofahrerclubs erhältlich ist. Er beinhaltet all das, womit bei den meisten Unfällen kompetent geholfen werden kann. Spätestens bevor Sie Ihre Urlaubsreise antreten, überprüfen Sie gewissenhaft Ihre Autoapotheke und ersetzen Sie fehlende, abgelaufenen oder schadhafte Gegenstände.

Die Pauschalreise

Prospektwahrheit

Was tun bei Reisemängeln?

Die Frankfurter Liste

Der Urlaub als Sicherheitsrisiko

Wenn das Reisebüro vermittelt

Nur mehr für knapp ein Drittel der Urlaube werden die Dienste eines Reisebüros in Anspruch genommen, hier wiederum bevorzugt für Auslandsaufenthalte. Einschlägige Reisekataloge versprechen den Traumurlaub. Doch der entpuppt sich leider bisweilen als touristisches Grauen.

Bei einer Pauschalreise verkauft ein Veranstalter mehrere Dienstleistungen.

Eine Pauschalreise ist eine Reise, bei der ein Veranstalter mehrere Dienstleistungen, insbesondere Beförderung und Unterbringung, zu einem Gesamtpreis verkauft. Der Gesetzgeber knüpft an die Buchung einer Pauschalreise besondere Schutzvorschriften für Verbraucher: Der Reiseveranstalter bedarf einer Insolvenzversicherung, es gibt besondere Bestimmungen zu Preis- und Leistungsänderungen, der inländische Verbraucher wird auch bei grenzüberschreitenden Buchungen speziell geschützt und im Fall erheblicher Leistungsmängel besteht ein Anspruch auf Schadenersatz für entgangene Urlaubsfreude. Auf diesen besonderen Schutz würden Sie verzichten, wenn Sie sich Ihre Reise selbst – etwa über das Internet – zusammenstellen.

Veranstalter oder Vermittler?

Ein Veranstalter organisiert die Reise, indem er mehrere Reiseleistungen zu einem Gesamtarrangement zusammenfasst und zu einem Pauschalpreis verkauft (= Pauschalreise). Unabhängig davon, ob die Einzelleistungen dann von ihm selbst oder von anderen Unternehmern wie etwa Fluglinien und Hotelbetrieben erbracht werden, ist der Veranstalter für die ordnungsgemäße Leistungserbringung verantwortlich. Ein Reiseveranstalter kann jedoch auch als Vermittler tätig werden, wenn er Fremdleistungen wie wahlfreie Ausflüge am Urlaubsort vermittelt.
Ein Vermittler kann Pauschalarrangements, aber auch Einzelleistungen vermitteln, haftet jedoch nicht für deren ordnungsgemäße Erbringung. Im Normalfall handelt es sich bei einem Vermittler um ein Reisebüro, das aber auch seinerseits als Veranstalter agieren kann – wenn es z.B. selbst eine pauschale Reise mit hauseigenen Bussen organisiert.

Dichtung im Prospekt, Wahrheit am Strand

Was ein Reiseunternehmen im Prospekt verspricht, muss es auch halten.

Kein Unternehmer will sein Produkt schlechtmachen, kein Verkäufer auf seiner Ware sitzen bleiben. So haben auch Reiseveranstalter großes Interesse daran, dass alle ihre Urlaubsangebote gut gebucht werden. Reisekataloge sind dementsprechend als Werbeprospekte zu verstehen, die die Dinge stets im günstigsten Licht darstellen. Beim Anschauen und Lesen ist Vorsicht angebracht, denn Bilder und Beschreibungen, die auf den ersten Blick einen Urlaub der Extraklasse verheißen, können den Erholungssuchenden stark in die Irre führen. Tatsache ist: Es gilt der Grundsatz der Prospektwahrheit. Das heißt, die Texte und Fotos in einem Reiseprospekt sind zugesicherte Eigenschaften des Produktes, ihr Fehlen führt zu Gewährleistungsansprüchen.

Tiefblauer Himmel, blütenweißer Strand, braungebrannte Körper - professionelle Fotografie und nachträgliche Bildbearbeitung aber verzaubern mittelmäßige Wirklichkeit zum ersehnten Ideal. Mit Spezialobjektiven wirken Zimmer größer, Gebäude und Poolanlagen attraktiver. Klar, dass der spätere Vergleich mit der Realität oft enttäuscht. Betrachten Sie Hotelbilder vor allem dann mit gesunder Skepsis, wenn sie wenig von der Umgebung zeigen. Ein digitaler Routenplaner oder der Internet-Globus Google Earth kann Ihnen Gewissheit verschaffen: Ist die angepriesene Unterkunft vielleicht durch einen Hauptverkehrsweg vom Strand getrennt?

Überdies ist die Sprache in Reisekatalogen geschönt. Formulierungen wie „direkt am Meer“ oder „beheizbarer Swimmingpool“ klingen gut und sind nicht zwangsläufig gelogen, verschleiern jedoch geschickt die Tatsachen: Pauschalreisende sollten wissen, dass „Meer“ nicht „Strand“ bedeutet und ein wesentlicher Unterschied zwischen „beheizbar“ und „beheizt“ besteht. Entdecken Sie im folgenden kleinen Sprachführer die Unterschiede zwischen Dichtung und Wahrheit.

Wörterbuch für Katalogsdeutsch

An- und Abreise

Prospekt-Formulierung	Versteckte Botschaft
Direktflug	Es gibt eine Zwischenlandung, bei der man im Flugzeug sitzen bleibt.
Non-Stop-Flug	Es geht ohne Zwischenlandung zum Reiseziel.
Fünf Tage Busreise	Anreisetag, drei Tage am Urlaubsort, Abreisetag.

Lage und Umgebung

Prospekt-Formulierung	Versteckte Botschaft
Direkt am Meer	Das Hotel liegt an einer Fels- bzw. Steilküste oder am Hafen, aber nicht an einem Badestrand – sonst hieße es „direkt am Strand".
Meeresnähe	Nah ist relativ. Auch 500 Meter mit einer Straße dazwischen sind noch nah.
350 Meter zum Strand	Bei solchen Angaben ist meistens die Entfernung per Luftlinie gemeint.
10 Minuten bis zum Strand	Das kann zu Fuß oder mit dem Auto sein.
Naturstrand/naturbelassener Strand	Dahinter verbirgt sich oft ein ungepflegter Strand. Die Urlauber finden meist keinen feinen Sand, sondern Kieselsteine und herumliegenden Müll vor. Auch sanitäre Anlagen und Umkleidekabinen wird man hier vergeblich suchen.
Meerseite	Garantiert nicht den Blick aufs Meer – vermutlich ist die Sicht durch Häuser, Bäume oder Büsche versperrt.
Meerblick	Auch das kann bedeuten, dass wenig vom Meer zu sehen ist, z.B. durch eine Lücke zwischen davor stehenden Gebäuden.

Aufstrebender Ferienort	Vieles in der Umgebung ist noch nicht vorhanden oder unfertig. Höchstwahrscheinlich erwarten Sie Baustellen mit entsprechender Staub-, Abgas- und Lärmbelästigung.
Idyllische Lage	Touristische Infrastruktur fehlt, wahrscheinlich kommen Sie ohne Mietwagen nicht gut zurecht.
Zentrale/ verkehrsgünstige Lage	Nichts für Leute mit Ruhebedürfnis: Mit hohem Verkehrsaufkommen und regem Nachtleben ist zu rechnen.
Relativ ruhig inmitten der Altstadt	Schlafen Sie tagsüber, denn in der Nacht herrscht Trubel.
Kurzer Transfer zum Flughafen	Das Hotel liegt in der Nähe des Flughafens oder sogar in der Einflugschneise. Fluglärm darf Sie nicht stören.
Pulsierendes Urlaubsleben/junges Publikum	Stellen Sie sich auf einen Ferien-Rummelplatz ein, an dem es auch nachts laut zugeht.

Ausstattung und Atmosphäre

Prospekt-Formulierung	Versteckte Botschaft
Weitläufige Anlage	Packen Sie bequeme Schuhe ein, denn der Weg vom Zimmer zu den anderen Hoteleinrichtungen ist lang.
Neu erbautes Hotel/ neu eröffnete Anlage	Partiell noch unfertig, kahle Außenanlagen, Bautätigkeiten möglich.
Mietsafe/Pool-Liegen, Sonnenschirme etc. gegen Gebühr	Für die Nutzung wird mitunter ordentlich abkassiert.
Beheizbarer Swimmingpool	Die Heizung gibt es zwar, aber wird sie auch eingeschaltet?
Kinderbecken	Nicht für Kleinkinder unter drei Jahren geeignet.

Prospekt-Formulierung	Versteckte Botschaft
Kinderclub	Garantiert keine Kinderbetreuung durch qualifiziertes Personal.
Helle, freundliche Zimmer	Nichtssagend. Rechnen Sie mit wenig Komfort.
Landestypische Einrichtung	Einfache Möblierung. Seien Sie gewappnet, dass das Zimmer nicht unseren Standards entspricht.
Zweckmäßig eingerichtete Unterkunft	Minimalausstattung ohne jeglichen Komfort.
Zimmer klimatisierbar	Klimaanlage vorhanden, Einschalten nicht gewährleistet.
Kinderfreundliches Haus	Es geht turbulent zu.
Familiäre Atmosphäre	Viele Gäste kommen im Bikini oder Jogginganzug in den Speisesaal.
Internationale Atmosphäre	Stellen Sie sich auf größere Urlaubergruppen ein, die sich feuchtfröhlich amüsieren wollen.
Gepflegtes Ambiente	Benehmen Sie sich möglichst unauffällig und vergessen Sie zum Abendessen die Krawatte nicht.
Bei Stammgästen sehr beliebt	Diese Formulierung birgt die Gefahr, dass es allen anderen nicht gefallen hat oder aber das Durchschnittsalter der Gäste hoch sein könnte.
Abendliche Tanzveranstaltungen	Laute Musik bis zum frühen Morgen.

Verpflegung und Service

Prospekt-Formulierung	Versteckte Botschaft
Einheimische Küche	Die Kost ist schlicht.
Internationale Küche	Wenig landestypische, eher einfache Gerichte.

Kontinentales Frühstück	Brot, Butter, Marmelade und Kaffee oder Tee.
Verstärktes Frühstück	Es gibt zusätzlich zum kontinentalen Frühstück noch Eier, Wurst oder Käse.
Unaufdringlicher Service	Bei der Bedienung sind längere Wartezeiten einzuplanen.
Junges Serviceteam	Unerfahrene Kellner, die schon einmal den einen oder anderen Teller fallen lassen.

Frühbucher – Bonus oder Malus?

Hoffnungsfrohe Sonnenhungrige, die bereits im Februar mit dem noch druckfrischen Sommerkatalog ins Reisebüro pilgern, um ein Strandplätzchen im sonnigen Süden zu buchen, werden von den meisten Veranstaltern mit einem Frühbucherbonus belohnt. Ärgerlich nur, wenn die Nachbarsfamilie dann just zum selben Hochsaisontermin mit einem Last-Minute-Angebot wesentlich preisgünstiger mit an Bord des Ferienfliegers ist. Wer hofft, die Differenz zwischen Frühbucher- und Last-Minute-Preis zurückzuerhalten, scheitert meist, denn es gilt, wie bei jedem Vertrag, jener Preis, der bei Vertragsabschluss vereinbart wurde.

Frühes Buchen rentiert sich nicht immer.

Da fragt sich der mündige Konsument natürlich, welchen Vorteil ein Frühbucherbonus eigentlich hat. Kann eine Ersparnis von 20 oder 50 Euro pro Person und Woche die Unsicherheit unvorhersehbarer Ereignisse wettmachen? In einem halben Jahr kann vieles passieren. Verhängt etwa der neue Chef eine Urlaubssperre, deckt eine Stornoversicherung nicht immer die anfallenden Kosten ab.

Wer zeitlich nicht flexibel ist und z.B. Rücksicht auf die Schulferien seiner Sprösslinge nehmen muss, kann sich mit dem Frühbucherbonus immerhin ein bisschen Geld ersparen. Falls allerdings der Preis für dasselbe Arrangement in drei Monaten geringer ist, hat man leider Pech gehabt. Einen wirklichen Vorteil bringt das frühe Buchen nur, wenn Sie eine große

Auswahl an Angeboten vergleichen, ein bestimmtes Hotel bevorzugen und langfristig planen wollen. In der Praxis besteht dennoch ein Restrisiko. Leider bekommt auch mancher Frühbucher später am Urlaubsort zu hören, dass das gewünschte Hotel überbucht ist.

Spätbucher brauchen gute Nerven.

Eine andere Sparstrategie wäre, möglichst spät zu buchen. Dafür brauchen Sie aber bisweilen gute Nerven, denn große Veranstalter beginnen üblicherweise erst ab Juni mit dem Ausverkauf der Angebote für den Sommer. Ein Last-Minute-Arrangement bedeutet auch nicht unbedingt, dass Sie billiger urlauben. Es heißt eigentlich nur, dass der Reisende aus einem Restplatzangebot für einen bestimmten Zeitraum kurzfristig buchen kann. Ein solches Angebot macht dann Sinn, wenn Sie zeitlich flexibel sind, sich nicht auf eine Destination oder ein Hotel festlegen und auf Ihr Glück vertrauen, ein echtes Schnäppchen zu erwischen.

Anzahlung nie höher als 20 Prozent

Der Gesetzgeber sieht vor, dass der Veranstalter eine Anzahlung von maximal 20 Prozent verlangen darf. Den Rest müssen Sie erst bezahlen, wenn man Ihnen die Reiseunterlagen ausfolgt, jedenfalls nicht früher als 14 Tage vor Reiseantritt.

20 Prozent sind genug

TIPP

Um im Fall der Zahlungsunfähigkeit des Reiseveranstalters Ihr Geld abzusichern, leisten Sie niemals eine Anzahlung von mehr als 20 Prozent des Gesamtpreises.

Nicht ohne Sicherungsschein

Es kommt vor, dass ein Reiseveranstalter Bankrott geht und verärgerte Urlauber dann in Hotels oder auf Flughäfen festsitzen und gezwungen sind, auf eine Regelung ihrer Heimreise zu warten. Deshalb müssen Reiseveranstalter als Vorsorge für den Fall einer Insolvenz die Kundengelder absichern. Das heißt, sie sind verpflichtet, eine Insolvenzversicherung abzuschließen, die bei einer Pleite die Rückflugkosten übernimmt bzw. gezahlte Beträge für entfallene Reisen an die Kunden zurückerstattet. Dieser Anspruch ist auf dem Sicherungsschein ausgewiesen.

Im Klartext: Der Reiseveranstalter ist jenes Unternehmen, das Pauschalreisen anbietet und in dessen Katalog Sie Ihr Urlaubsarrangement auswählen. Normalerweise buchen Sie aber nicht direkt beim Veranstalter, sondern bei einem Reisebüro. Hierbei handelt es sich um eine andere Firma, die als Vermittler fungiert. Das Reisebüro muss Ihnen spätestens bei der Anzahlung Ihrer Reise den Sicherungsschein des Veranstalters aushändigen, und zwar unabhängig davon, ob Sie zu einem frühen Zeitpunkt buchen oder sich für ein Last-Minute-Angebot entscheiden.

Bei der Anzahlung der Reise muss der Sicherungsschein ausgehändigt werden.

Oft ist der Sicherungsschein auf der Rückseite der Reisebestätigung aufgedruckt. Mindestangaben sind Anschrift und Telefonnummer des Versicherers sowie Angabe des Versicherungszeitraumes und der Versicherungssumme. Die Insolvenzversicherung oder deren Beauftragter sollte auch die Organisation der Heimreise abwickeln. Im Zweifelsfall aber müssen die betroffenen Urlauber sich selbst um den Rückflug kümmern und können lediglich im Nachhinein Transportkosten und allfällige Mehraufwendungen für Übernachtung und Verpflegung zurückverlangen. Senden Sie dafür Kopien folgender Unterlagen an den Insolvenzversicherer:

- Sicherungsschein
- Buchungsbestätigung
- Nachweis über geleistete Zahlungen an den Reiseveranstalter
- Quittungen über zusätzliche eigene Auslagen

Übrigens: Der Sicherungsschein ist nicht zu verwechseln mit einer Reiserücktrittversicherung, die Sie privat abschließen können. Sie trägt die Stornokosten, wenn Sie eine gebuchte Reise wegen Krankheit oder sehr wichtiger privater Gründe (etwa einem Todesfall) nicht antreten können.

Gültigkeit überprüfen

TIPP

Manchmal kommt es vor, dass Sicherungsscheine gefälscht sind. Am besten sehen Sie schon vor der Buchung auf der Website des Bundesministeriums für Wirtschaft und Arbeit nach, ob der Veranstalter im Reiseveranstalter-Verzeichnis eingetragen und daher versichert ist (www.bmwa.gv.at). Oder Sie überprüfen die Gültigkeit des Sicherungsscheins, bevor Sie die Reise vollständig bezahlen. Dafür genügt ein Anruf bei der genannten Versicherungsgesellschaft, die zur Auskunft verpflichtet ist.

Einseitige Preis- und Leistungsänderungen

Ihre Angebote kalkulieren Reiseveranstalter meist längere Zeit im Voraus, was Unsicherheiten über die Preisentwicklung mit sich bringt. Laut Konsumentenschutzgesetz darf ein Veranstalter den bereits vereinbarten Reisepreis aber nur unter ganz besonderen Umständen und innerhalb bestimmter Fristen erhöhen. Selbst wenn „das Kleingedruckte" in den Reisebedingungen einen Vorbehalt zur Preiserhöhung und -senkung aufweist, muss ein Veranstalter von Pauschalreisen sich an folgende Richtlinien halten:

- In den letzten 20 Tagen vor der Abreise darf der Preis einer Pauschalreise nicht mehr erhöht werden. Das gilt auch für Frühbuchungen mehr als zwei Monate vor Reiseantritt.

Transparente Zuschläge

BEISPIEL

Wer im Sommer 2004 eine Reise gebucht hatte, musste oft nachträglich einen Kerosinzuschlag bezahlen, sonst hätte er die Reise nicht antreten können. In Verbandsklagen des VKI entschied der Oberste Gerichtshof, dass die verrechneten Zuschläge ungesetzlich waren. Die Veranstalter hatten verabsäumt, in ihren Verträgen genaue Angaben zur Berechnung des neuen Preises zu machen und damit gegen das Transparenzgebot verstoßen. Die Konsumenten konnten über Intervention des VKI bis Ende 2005 die zu viel bezahlten Beträge zurückfordern.

- Eine Preiserhöhung ist auch dann unzulässig, wenn der Vertragsabschluss weniger als zwei Monate vor Erbringung der Leistung erfolgt.
- Außerhalb der Schutzfrist von 20 Tagen kann der Veranstalter eine Preiserhöhung nur mit einer Änderung der Beförderungskosten (Kerosinzuschlag), der Abgaben (Flughafengebühr) oder der Wechselkurse begründen. Zudem muss der Vertrag genaue Angaben zur Berechnung des neuen Preises enthalten.
- Bei einer Erhöhung um mehr als zehn Prozent des Gesamtpreises hat der Reisende das Recht, kostenlos vom Vertrag zurückzutreten.

Änderung von Leistungen

Häufig behalten sich Reiseveranstalter in ihren Geschäftsbedingungen Leistungsänderungen vor. Man bucht voll freudiger Erwartung ein Appartement in jener Anlage, mit der man schon im Vorjahr rundum zufrieden war, und dann heißt es plötzlich kurz vor der Abreise: Leider, Sie müssen mit einem anderen Club vorliebnehmen.

Bei wesentlichen Leistungsänderungen besteht ein Rücktrittsrecht.

Haben Sie ein solches Vorgehen zu akzeptieren?

Nein. Wiederum gibt es gesetzliche Regelungen, die Ihnen ein Rücktrittsrecht garantieren, wenn „wesentliche Vertragsbestandteile erheblich geändert" werden. Erfahren Sie also bereits vor Antritt Ihrer Reise von einer solchen Leistungsänderung, können Sie vom Vertrag zurücktreten. Stellt man Sie erst am Urlaubsort vor vollendete Tatsachen, haben Sie Anspruch auf Gewährleistung.

Was das konkret heißt, zeigen zwei Beispiele:

- Eine Familie hat ein gemeinsames Appartement für Eltern und Kinder reserviert. Einige Tage vor Urlaubsantritt stellt sich heraus, dass die Familie in getrennten Zimmern untergebracht werden soll. Verständlich, dass die Kunden dem nicht zustimmen und zu Recht von der Reise Abstand nehmen.
- Die eingangs erwähnte Hoteländerung berechtigt Sie ebenfalls zum kostenfreien Rücktritt, wenn Sie begründen

können, weshalb das nunmehrige Angebot des Veranstalters für Sie nicht gleichwertig mit der ursprünglichen Buchung ist: z.B. niedrigere Hotelkategorie, fehlende Wasserrutschen für Ihre Kinder, anderer Ort ohne den vereinbarten Sandstrand.

Leistungsbeschreibung genau prüfen

TIPP

Vorsicht, Falle: Kontrollieren Sie vor dem Unterzeichnen, ob die auf dem Buchungsschein angeführten Leistungen mit den Angaben im Reisekatalog übereinstimmen. Denn auf Prospektangaben können Sie sich nicht berufen, wenn der Veranstalter die Leistungsbeschreibung bei Vertragsabschluss auf dem Buchungsschein ausdrücklich anders darstellt.

Umbuchungswünsche

Egal ob der Termin, das Reiseziel oder die gebuchte Leistung geändert werden soll: Eine Änderung der ursprünglichen Buchung braucht die Zustimmung des Veranstalters.

Erfahrungsgemäß sind die Reisebüros bemüht, Umbuchungswünsche zu erfüllen. Allerdings ist dies nur dann möglich, wenn der Veranstalter die gewünschten Alternativen anbieten kann. Die Organisationskosten müssen stets Sie selbst tragen, meist in Form einer sogenannten Umbuchungsgebühr.

Eine weitere Möglichkeit besteht darin, die Reise auf eine andere Person zu übertragen. Ihr „Stellvertreter" muss in diesem Fall alle Bedingungen für die Teilnahme erfüllen. Benachrichtigen Sie den Reiseveranstalter auch zeitgerecht von diesem Änderungswunsch.

Urlaub im Sonderangebot

Argwohn ist angebracht, wenn Werbesendungen mit der Einladung zu einer sehr günstigen oder gar gratis erhältlichen Reise ins Haus flattern. Schön gestaltete Prospekte machen den Urlaub schmackhaft, die Unterbringung soll in Fünf-Sterne-Hotels erfolgen, Frühstück und Ausflugsprogramm inklusive. Sinn dieser Lockangebote ist angeblich, die schlechte Buchungslage in der „toten Saison" aufzubessern.

Vorsicht bei stark verbilligten Reiseangeboten.

Erfahrene Konsumenten ahnen schon, dass die Sache einen Haken hat, denn kein Unternehmen hat etwas zu verschenken. So sollte sich, wer in den Wintermonaten an ein Sommerurlaubsziel reist, darüber im Klaren sein, dass er höchstwahrscheinlich mit ungünstiger Witterung und schlechter Infrastruktur zu rechnen hat. Denn viele Restaurants und Geschäfte sperren in der Nebensaison erst gar nicht auf. Feriengäste sind also weitgehend auf die Hotelverpflegung angewiesen, und zusätzlich zum Frühstück eingenommene Mahlzeiten lassen sich die Betriebe meist gut bezahlen. Nebengebühren wie Treibstoffzuschläge und Flughafenabgaben werden im Angebot gar nicht genannt.

Auch enthalten derartige Arrangements fast immer Betriebsbesichtigungen, etwa bei Bekleidungs-, Teppich- oder Schmuckmanufakturen. Schnell befindet man sich im Besitz eines Souvenirs, das nicht selten um ein Vielfaches überteuert ist. In vielen dieser Fälle arbeiten Manufaktur und Beherbergungsbetrieb zusammen. Damit kommt der Hotelier dann doch auf seine Rechnung.

Die Tücken von Maturareisen

Auf Matura- und Abschlussreisen spezialisierte Veranstalter werben oft direkt an den Schulen. Jugendliche sind dabei leicht versucht, ganz spontan zu buchen. Später stellt sich bei genauerer Betrachtung manchmal heraus, dass die Reise doch nicht so cool, für die Eltern der Betreffenden unleistbar oder bei einem anderen Anbieter günstiger ist. Bei einem solchen Vertragsabschluss handelt es sich um ein Haustürgeschäft, bei dem ein Rücktrittsrecht besteht. Doch Vorsicht: Sie müssen – wenn Sie darüber richtig belehrt wurden – Ihren Rücktritt binnen einer Woche erklären.

Und so vermeiden Sie als Schüler die unangenehme Situation:

- Unterschreiben Sie einen Reisevertrag nicht sofort, sondern überlegen Sie sich die Buchung ein paar Tage in Ruhe. Seriöse Veranstalter haben Verständnis dafür. Besprechen Sie die Reise auch mit Ihren Eltern und holen Sie Vergleichsangebote ein.
- Lesen Sie alle Vertragsunterlagen sorgfältig durch, bevor Sie ein Angebot unterschreiben. Gehen Sie davon aus, dass jede Unterschrift für Sie verbindlich ist und eine Stornierung zu Kosten führen kann.
- Grundsätzlich gilt: Jugendliche ab 18 Jahre sind voll geschäftsfähig. Das heißt, geschlossene Verträge sind auch ohne Unterschrift der Eltern verbindlich. Dagegen benötigen 14- bis 18-Jährige für größere Geschäftsabschlüsse, etwa die Buchung einer Reise um mehrere hundert Euro, die Zustimmung ihrer Eltern.
- Eine Tücke steckt auch in Verträgen von Stornoversicherungen: Sie bieten zwar Deckung bei Nichtbestehen der Matura, wird man aber wegen eines negativen Jahreszeugnisses nicht zur Reifeprüfung zugelassen, ist die Stornoversicherung wirkungslos.

Reklamation bei Reisemängeln

Der Veranstalter muss für versprochene Leistungen einstehen.

Gerade in der sommerlichen Hauptreisezeit häufen sich die Beschwerden von Pauschaltouristen. Das Hotel ist überbucht, eine Absteige die einzige Ausweichmöglichkeit. Statt des im Prospekt gepriesenen feinen Sandstrands findet man eine Felsenbucht vor. Und zu allem Überdruss beschallt auch noch die benachbarte Großbaustelle die ersehnte friedliche Szenerie.

Derartige Missstände brauchen Sie nicht zähneknirschend hinzunehmen, denn es besteht der Grundsatz der Prospektwahrheit: Alles, was im Reisekatalog oder auf der Internetseite des Reiseveranstalters beschrieben oder abgebildet ist, gilt als zugesagte Eigenschaft der Pauschalreise. Der Veranstalter muss für diese versprochenen Leistungen einstehen, und zwar unabhängig davon, ob ihn ein Verschulden an den Mängeln trifft oder nicht.

Ist also der im Katalog blitzblau abgelichtete Swimmingpool in Wirklichkeit algengrün verdreckt, ist der angekündigte Tennisplatz im weiten Umkreis nicht zu finden oder entpuppt sich die geräumige Luxussuite gar als kümmerliche Besenkammer, haben Sie als Kunde das Recht auf Gewährleistung.

Das können Sie vor Ort und zu Hause tun

Zuerst nach Verbesserung des Mangels verlangen.

- Um in einem solchen Fall den Urlaub zu retten, verlangen Sie am besten sofort nach Verbesserung. Unterscheidet sich die Ihnen zugewiesene Unterkunft von den Ankündigungen im Prospekt oder den von Ihnen gebuchten Leistungen, müssen Sie für eine Verlegung in ein anderes Zimmer bzw. Hotel keine Aufzahlung leisten.
- Es gibt aber auch Mängel, die nicht verbessert werden können. Aus der Felsenbucht wird nun einmal kein Sandstrand, und die Großbaustelle nebenan verschwindet leider auch nicht binnen weniger Tage. Hier besteht Dokumentationsbedarf: Sichern Sie die Beweise in Form von Fotos und Videos.
- Ebenso empfiehlt es sich, gegebenenfalls die Namen, Anschriften, Telefonnummern und E-Mail-Adressen von Leidensgenossen zu sammeln. Außerdem sollten Sie von der Reiseleitung eine schriftliche Bestätigung verlangen, dass Sie die Mängel gerügt haben.
- Dieselbe Vorgehensweise ist auch ratsam, wenn die am Reiseziel Verantwortlichen sich weigern, die Mängel zu beheben.
- Zurück in der Heimat können Sie mit einem eingeschriebenen Brief Preisminderung gegen den Reiseveranstalter geltend machen. Kommt es dabei zu keiner Einigung, müssen Sie, wenn Sie doch noch zu Ihrem Recht kommen wollen, eine zivilrechtliche Klage anstrengen, die binnen zwei Jahren ab Rückkehr eingebracht werden muss.

- Bedenken Sie bitte, dass Ihnen durch den Gang vor Gericht erhebliche Kosten entstehen können. Prüfen Sie deshalb im Vorfeld, ob Ihre Rechtsschutzversicherung den finanziellen Aufwand deckt. Der Besuch einer Konsumentenberatungsstelle erweist sich in der Regel ebenfalls als sehr sinnvoll.
- Zum Schluss noch ein Tipp aus psychologischer Sicht: Bewahren Sie bei Beschwerden beim Hotelpersonal oder der Reiseleitung Ruhe und Sachlichkeit. Ihr Gegenüber kümmert sich engagierter um Ihr Anliegen, wenn Sie es bestimmt, aber freundlich vorbringen. Auch Ihrer Gesundheit erweisen Sie keinen guten Dienst, wenn Sie sich zu sehr aufregen oder die sprichwörtliche Mücke zum Elefanten machen. Selbst wenn der Minigolfplatz in 300 statt in 200 Metern Entfernung liegt, kann Ihr Urlaub noch wunderbar erholsam werden. Falls der Mangel allerdings gravierend ist, sollten Sie unbedingt tätig werden, denn still vor sich hin zu leiden kann Ihnen den Urlaub ordentlich verderben.

Frankfurter Liste zur Reisepreisminderung

Ist keine Verbesserung möglich, muss der Veranstalter Geld zurückzahlen.

Weist eine Pauschalreise Mängel auf, so hat der Reisende wie erwähnt Anspruch auf Verbesserung vor Ort. Gelingt das nicht, dann muss der Reiseveranstalter nach der Heimkehr Geld zurückzahlen. Für den Urlauber besteht also ein Anspruch auf Preisminderung.

Dabei stellt sich immer wieder die Frage, wie bestimmte Mängel im Verhältnis zum Reisepreis zu bewerten sind. Richter des Landesgerichtes Frankfurt haben dazu eine grobe Orientierungshilfe verfasst: die Frankfurter Liste zur Reisepreisminderung. Zwar ist diese Aufstellung für die Gerichte nicht verbindlich (im Einzelfall wird stets aufgrund der besonderen Umstände entschieden), aber viele Gerichte auch in Österreich orientieren sich mittlerweile bei der Bewertung von Reisemängeln an der Frankfurter Liste:

Leistungsgruppe I – Unterkunft

Mangel	Minderung in %	Anmerkungen, ergänzende Hinweise
1. Abweichung von dem gebuchten Objekt	10 – 25	je nach Entfernung
2. Abweichende örtliche Lage (Strandentfernung)	5 – 15	
3. Abweichende Art der Unterbringung im gebuchten Hotel (Hotel statt Bungalow, abweichendes Stockwerk)	5 – 10	
4. Abweichende Art der Zimmer		entscheidend, ob Personen der gleichen Buchung oder unbekannte Personen zusammengelegt werden
- DZ statt EZ	20	
- DreibettZ statt EZ	25	
- DreibettZ statt DZ	20 – 25	
- VierbettZ statt DZ	20 – 30	
5. Mängel in der Ausstattung des Zimmers		
- zu kleine Fläche	5 – 10	
- fehlender Balkon	5 – 10	bei Zusage/je nach Jahreszeit
- fehlender Meerblick	5 – 10	bei Zusage
- fehlendes (eigenes) Bad/WC	15 – 25	bei Buchung
- fehlendes (eigenes) WC	15	
- fehlende (eigene) Dusche	10	bei Buchung
- fehlende Klimaanlage	10 – 20	bei Zusage/je nach Jahreszeit
- fehlendes Radio/TV	5	bei Zusage
- zu geringes Mobiliar	5 – 15	
- Schäden (Risse, Feuchtigkeit etc.)	10 – 50	
- Ungeziefer	10 – 50	
6. Ausfall von Versorgungseinrichtungen		
- Toilette	15	
- Bad/Warmwasserboiler	15	
- Stromausfall/Gasausfall	10 – 20	

Mangel	Minderung in %	Anmerkungen, ergänzende Hinweise
- Wasser - Klimaanlage - Fahrstuhl	10 10 – 20 5 – 10	 je nach Jahreszeit je nach Stockwerk
7. Service - vollkommener Ausfall - schlechte Reinigung - ungenügender Wäschewechsel (Bettwäsche, Handtücher)	 25 10 – 20 5 – 10	
8. Beeinträchtigungen - Lärm am Tage - Lärm in der Nacht - Gerüche	 5 – 25 10 – 40 5 – 15	
9. Fehlen der (zugesagten) Kureinrichtungen (Thermalbad, Massagen)	20 – 40	je nach Art der Projektzusage (z.B. „Kururlaub")

Leistungsgruppe II – Verpflegung

Mangel	Minderung in %	Anmerkungen, ergänzende Hinweise
1. Vollkommener Ausfall	50	
2. Inhaltliche Mängel - eintöniger Speisenzettel - nicht genügend warme Speisen - verdorbene (ungenießbare) Speisen	 5 10 20 – 30	
3. Service - Selbstbedienung (statt Kellner) - lange Wartezeiten - Essen in Schichten - verschmutzte Tische - verschmutztes Geschirr/Besteck	 10 – 15 5 – 15 10 5 – 10 10 – 15	
4. Fehlende Klimaanlage im Speisesaal	5 – 10	bei Zusage

Leistungsgruppe III – Sonstiges

Mangel	Minderung in %	Anmerkungen, ergänzende Hinweise
1. Fehlender oder verschmutzter Swimmingpool	10 – 20	bei Zusage
2. Fehlendes Hallenbad		bei Zusage
- bei vorhandenem Swimmingpool	10	soweit nach Jahreszeit benutzbar
- bei nicht vorhandenem Swimmingpool	20	
3. Fehlende Sauna	5	bei Zusage
4. Fehlender Tennisplatz	5 – 10	bei Zusage
5. Fehlendes Mini-Golf	3 – 5	bei Zusage
6. Fehlende Segelschule, Surfschule, Tauchschule	5 – 10	bei Zusage
7. Fehlende Reitmöglichkeit	5 – 10	bei Zusage
8. Fehlende Kinderbetreuung	5 – 10	bei Zusage
9. Unmöglichkeit des Badens im Meer	10 – 20	je nach Prospektbeschreibung und zumutbarer Ausweichmöglichkeit
10. Verschmutzter Strand	10 – 20	(bei Zusage)
11. Fehlende Strandliegen, Sonnenschirme	5 – 10	bei Zusage (je nach Ersatzmöglichkeit)
12. Fehlende Snack- oder Strandbar	0 – 5	je nach Ersatzmöglichkeit (bei Zusage)
13. Fehlender FKK-Strand	10 – 20	bei Zusage
14. Fehlendes Restaurant oder Supermarkt		bei Zusage/je nach Ausweichmöglichkeit
- bei Hotelverpflegung	0 – 5	
- bei Selbstverpflegung	10 – 20	soweit nach Jahreszeit benutzbar

Mangel	Minderung in %	Anmerkungen, ergänzende Hinweise
15. Fehlende Vergnügungseinrichtungen (Disco, Nightclub, Kino, Animateure)	5 – 15	bei Zusage
16. Fehlende Boutique oder Ladenstraße	0 – 5	je nach Ausweichmöglichkeit
17. Ausfall von Landausflügen bei Kreuzfahrten	20 – 30	des anteiligen Reisepreises je Tag des Landausfluges
18. Fehlende Reiseleitung - bloße Organisation - bei Besichtigungsreisen - bei Studienreisen mit wissenschaftlicher Führung	 0 – 5 10 – 20 20 – 30	 bei Zusage
19. Zeitverlust durch notwendigen Umzug - im gleichen Hotel - in anderes Hotel		anteiliger Reisepreis für ½ Tag 1 Tag

Leistungsgruppe IV – Transport

Mangel	Minderung in %	Anmerkungen, ergänzende Hinweise
1. Zeitlich verschobener Abflug über 4 Stunden	5	des anteiligen Reisepreises für einen Tag für jede weitere Stunde
2. Ausstattungsmängel - niedrigere Klasse - erhebliche Abweichung vom normalen Standard	 10 – 15 5 – 10	
3. Service - Verpflegung - Fehlen der in der Flugklasse üblichen Unterhaltung (Radio, Film, etc.)	 5 5	

4. Auswechslung des Transportmittels	der auf die Transportverzögerung entfallende anteilige Reisepreis
5. Fehlender Transfer vom Flugplatz (Bahnhof) zum Hotel	Kosten des Ersatztransportmittels

Zur Verwendung der Frankfurter Liste

Bei der Berechnung des Minderungsbetrages müssen Sie folgende Punkte beachten:

- Geringfügige Beeinträchtigungen werden nicht abgegolten.
- Bei Rahmensätzen richtet sich die Höhe des Prozentsatzes nach der Intensität der Beeinträchtigung.
- Der Prozentsatz wird grundsätzlich vom Gesamtpreis (einschließlich Transportkosten) erhoben. Abgezogen werden allerdings die Beträge für Versicherungen und Zuschläge für erhöhten Komfort beim Transport, die der Reisende gezahlt hat.
- Treten Beeinträchtigungen während der Reisedauer nur zeitweilig auf, wird für die Minderung der auf die entsprechende Zeit umgelegte Gesamtpreis angenommen.
- Liegen mehrere Mängelpositionen vor, werden die Prozentsätze addiert. Es gibt jedoch Höchstprozentsätze pro Leistungsgruppe I bis IV. So dürfen z.B. bei Unterkunft mit Vollpension folgende Gesamtprozentsätze nicht überschritten werden:
  - Gruppe I (Unterkunft) 50 Prozent,
  - Gruppe II (Verpflegung) 50 Prozent,
  - Gruppe III (Sonstiges) 30 Prozent,
  - Gruppe IV (Transport) 20 Prozent.
- Leider erweist sich in der Praxis die Durchsetzung der Ansprüche häufig als schwierig. Niedrigen Streitwerten steht das hohe (mitunter bis zu zehnfache) Kostenrisiko einer gerichtlichen Klage gegenüber. Außerdem besitzt, so die Erfahrung des VKI, nur etwa ein Viertel der Geschädigten eine geeignete Rechtsschutzversicherung. Das wissen die Veranstalter und geben daher in „Kulanz“ kaum das, was man bei Gericht bekommen könnte.

Die Durchsetzung der Rechte ist in der Praxis oft schwierig.

Versprechungen einklagen

BEISPIEL

Ein Urlauber buchte im Sommer 2003 eine Pauschalreise nach Kreta. Im Reisekatalog hieß es: Zum Flughafen sind es 13 Kilometer, teilweise Fluglärm möglich. Tatsächlich lag das Hotel in der Einflugschneise. Rund 50 Flugzeuge landeten täglich, wobei es Stoßzeiten von neun Uhr morgens bis nach Mitternacht gab. Wenn die Maschinen das Hotel überflogen, war eine Unterhaltung selbst bei geschlossenen Türen unmöglich.
Der Urlauber beschwerte sich, ein Hotelwechsel wurde ihm aber nicht angeboten. Nach seiner Heimkehr klagte er den Veranstalter. Das Bezirksgericht für Handelssachen sprach ihm eine Reisepreisminderung von 15 Prozent zu. Begründung: Er habe aufgrund des Hinweises im Reiseprospekt zwar mit Fluglärm rechnen müssen, nicht jedoch in der hier festgestellten Intensität.

Ihre Rechte im Überblick

Sicherungsschein. Pauschalreisende müssen einen Sicherungsschein erhalten, der im Fall einer Insolvenz des Reiseveranstalters den Abwickler nennt. Das gewährleistet, dass Sie Ihr Geld zurückbekommen, wenn die Reise entfällt, bzw. dass Sie vom Urlaubsort zurück nach Hause transportiert werden.

Prospektwahrheit. Was der Reiseveranstalter im Prospekt oder auf seiner Internetseite verspricht, muss er auch halten.

Preiserhöhungen. Nachzahlungen etwa für Treibstoffkosten kann der Reiseveranstalter höchstens bis zum 20. Tag vor der Abreise von Ihnen einfordern, und das auch nur, wenn er dies vertraglich korrekt vereinbart hat. Ein kostenloser Rücktritt von der Reise ist für Sie möglich, wenn der Veranstalter den Preis um mehr als 10 Prozent erhöht.

Reaktion vor Ort. Reklamieren Sie Mängel sofort am Urlaubsort. Falls keine Verbesserung herbeigeführt werden kann, machen Sie Fotos und Videos, notieren Sie die Kontaktdaten von anderen Betroffenen und lassen Sie sich von der örtlichen Reiseleitung schriftlich bestätigen, dass Sie die Mängel gerügt haben.

Musterbrief Reisepreisminderung

Manuela Urlauber
Siedlergasse 88
8888 Friedburg

An die Firma
Urlaubsreisen GmbH.
Sonnenstraße 99
9999 Schöndorf

Friedburg, 18.8.2008

EINSCHREIBEN
Reklamation/Preisminderung

Sehr geehrte Damen und Herren,
am 15.2.2008 habe ich bei Ihrem Unternehmen eine Pauschalreise aus Ihrem Sommerkatalog für drei Personen in die Türkei für die Zeit vom 1.8.2008 bis 15.8.2008 zu einem Gesamtpreis von € 3.500 gebucht (Buchungsnummer: 188088).

In Zusammenhang mit der genannten Pauschalreise reklamiere ich folgende Mängel:
1. Überbuchung des ursprünglich gebuchten Hotels: Die Ersatzunterkunft lag nicht direkt am Meer, sondern 2 km im Landesinneren.
2. Die im Katalog zugesicherte Kinderbetreuung fehlte.

Ausgehend von der Frankfurter Liste zur Reisepreisminderung mache ich folgende Preisminderungsansprüche geltend:
ad 1.) andere Unterkunft als die gebuchte: € 700
ad 2.) fehlende Kinderbetreuung: € 175

Ich fordere Sie auf, den Betrag von € 875 zuzüglich 4 % Zinsen seit dem Tag der Zahlung binnen 14 Tagen auf mein Girokonto bei der Hausbank, Kontonummer 8888888, Bankleitzahl 8888 zu überweisen.

Mit freundlichen Grüßen
Manuela Urlauber

Preisminderung. Zurück daheim verlangen Sie mit eingeschriebenem Brief an den Reiseveranstalter eine Preisminderung. Stellen Sie die Mängel sachlich dar und beziffern Sie die Beträge. Als Orientierungshilfe dient die Frankfurter Liste.

Schadenersatz. Falls Sie etwa durch verdorbenes Buffetessen erkranken oder sich beim Sturz von einem schadhaften Badesteg verletzen, haben Sie Anspruch auf Heilungskosten und Schmerzensgeld.

Entgangene Urlaubsfreude. Wenn der Veranstalter aus eigenem Verschulden seine Leistungen nicht oder überwiegend nicht erbracht hat, können Sie auch Schadenersatz für entgangene Urlaubsfreude fordern.

Sofort reagieren. Gewährleistungsansprüche müssen Sie innerhalb von zwei Jahren ab der Rückkehr aus dem Urlaub gerichtlich geltend machen, Schadenersatzansprüche innerhalb von drei Jahren.

Schmerzensgeld und Schadenersatz

Schadenersatz, wenn den Veranstalter die Schuld an einem Mangel trifft.

Trifft den Veranstalter oder seine Vertragspartner vor Ort ein Verschulden daran, dass es zu Mängeln kommt oder ein Schaden eintritt, dann haftet der Veranstalter auch für Schadenersatz.

Erkrankt man im Urlaub an Brechdurchfall, so ist das in der Regel Pech und niemand muss dafür geradestehen. Wenn diese Erkrankung aber etwa auf verdorbenes Essen oder verschmutztes Trinkwasser zurückzuführen ist (ein Zeichen dafür ist, dass viele Reisende gleichzeitig erkranken), dann muss der Reiseveranstalter für Versäumnisse seiner Leistungsträger einstehen. In diesem Fall stehen Ihnen neben der Gewährleistung auch Schmerzensgeld, Heilungskosten und Schadenersatz für entgangene Urlaubsfreude zu.

Dokumentieren Sie das Ausmaß Ihrer Erkrankung umfassend, legen Sie eine Adressliste weiterer erkrankter Urlauber

Ansprüche stellen

BEISPIEL

In einem All-inclusive-Club sind die versprochenen Freizeitanlagen teils nicht vorhanden, teils nur sporadisch in Betrieb. Im Zimmer ist Baulärm zu hören, das Essen gestaltet sich eintönig, Geschirr und Küche erscheinen schmutzig bis unhygienisch. In der letzten Woche kommt es auch noch zu einer Explosivepidemie an Brechdurchfallerkrankungen. In diesem Fall kann man folgende Ansprüche stellen:

- Preisminderung für die Mängel (nach der Frankfurter Liste)
- Schmerzensgeld für jene Urlaubstage, an welchen man an Brechdurchfall gelitten hat
- Schadenersatz für entgangene Urlaubsfreude für jene Tage, die durch eigene Krankheit oder durch die Betreuung kranker Familienangehöriger verpatzt waren

im selben Club an und heben Sie ärztliche Atteste und unter Umständen sogar Stuhlproben auf.

Ansprüche so rasch wie möglich geltend machen.

Ansprüche für Gewährleistung müssen binnen zwei Jahren ab Rückkehr aus dem Urlaub gerichtlich geltend gemacht werden. Um Ansprüche für Schadenersatz zu stellen, hat man drei Jahre ab Eintritt des Schadens Zeit. Dennoch empfehlen wir, so rasch wie möglich zu handeln, um nicht in Beweisnotstand zu geraten. Übrigens: Sowohl bei Preisminderung als auch bei Schadenersatz haben Sie Anspruch auf Kostenrückerstattung bzw. Geldleistung. Sie brauchen sich nicht mit einem Gutschein abspeisen zu lassen. Voraussetzung für die Abgeltung immaterieller Schäden ist, dass die Reise zur Gänze oder doch weitgehend vereitelt wurde. Der bisherigen Judikatur zufolge liegen die Ersatzforderungen bei Beträgen zwischen 20 und 70 Euro pro Tag und Person.

Der Urlaub als Sicherheitsrisiko

Leider kommt es immer wieder vor: Im Februar buchen Sie voll Vorfreude den lang ersehnten Sommerurlaub im fernen Ausland, und just im März desselben Jahres erschüttern Unruhen, Bürgerkriege, Terroranschläge oder Umweltkatastrophen das ausgewählte Urlaubsparadies. Nun beginnen Sie zu Recht zu grübeln, ob Sie tatsächlich dorthin fahren sollen. Ist es möglich, auf ein anderes Reiseziel umzubuchen, oder können Sie den Urlaub überhaupt stornieren und Ihr Geld zurückverlangen?

In diesem Zusammenhang auch von Interesse: Wer trägt das Risiko höherer Gewalt?

Sie haben einen Badeurlaub am Meer gebucht. Kurz vor Reisebeginn tritt just an diesem Küstenabschnitt eine Algenpest auf oder wütet ein Wirbelsturm. In diesem Fall wurde der vereinbarte Reisezweck bzw. der Charakter der Reise vereitelt: die Kündigung des Vertrages ist möglich, und zwar theoretisch kostenlos. In der Praxis müssen Sie sich die Rückgabe einer bereits geleisteten Anzahlung unter Umständen erstreiten.

Wann ein kostenloses Rücktrittsrecht besteht

Kostenfreier Rücktritt bei Reisewarnung durch das Außenministerium.

Jedenfalls anerkannt wird ein kostenfreier Rücktritt bei einer formellen Reisewarnung durch das Bundesministerium für Auswärtige Angelegenheiten. Eine solche explizite Warnung wird jedoch eher selten ausgesprochen, häufiger ist von einem „hohen Sicherheitsrisiko" die Rede – eine Formulierung, die für Konsumenten zum Problem werden kann, wenn sie von einer Reise in ein Gefahrengebiet zurücktreten möchten. Ein Grund für den VKI, diese Frage in einer Reihe von Musterprozessen durch den Obersten Gerichtshof ausjudizieren zu lassen.

Aus diesem und anderen richtungsweisenden Urteilen lassen sich folgende Grundsätze für den Rücktritt von einer gebuchten Reise ableiten:

- Die Angst vor Unruhen gibt dem Reisenden dann ein kostenfreies Rücktrittsrecht wegen Wegfalls der Geschäftsgrundlage, wenn diese Unruhen eine solche Intensität erreichen, dass sie bei einem weder besonders mutigen noch besonders ängstlichen Durchschnittsreisenden solche Angstgefühle auslösen, dass der Antritt der Reise unzumutbar erscheint.

Reiseswarnung oder Sicherheitsrisiko?

BEISPIEL

Ein Konsument buchte für den Oktober 2001 eine Urlaubsreise nach New York. Aufgrund der Terroranschläge vom 11. September und der darauf folgenden Warnung der damaligen österreichischen Außenministerin, keine „unnötigen" Reisen in die USA zu unternehmen, trat der Konsument am 15. September von der Reise zurück. Er bekam jedoch nur einen Teil des Gesamtpreises erstattet, der Rest wurde als Stornogebühr einbehalten. Daraufhin klagte der VKI den Reiseveranstalter auf Rückzahlung. Das Erstgericht wies die Klage mit der Begründung ab, dass das Auswärtige Amt keine Reisewarnung, sondern nur ein „sehr hohes Sicherheitsrisiko" ausgesprochen hatte. Der Konsument hätte die weitere Entwicklung abwarten müssen, sein vorschnell erklärter Rücktritt könne nicht mit dem Wegfall der Geschäftsgrundlage argumentiert werden. Auch das Berufungsgericht folgte der Argumentation des VKI nicht: Die Terroranschläge hätten sich nicht gegen Touristen gerichtet und sich an einem einzigen Tag ereignet, eine ernsthafte Bedrohung sei danach aufgrund massiver Sicherheitsvorkehrungen nicht mehr gegeben gewesen.
Der Oberste Gerichtshof schließlich gab dem VKI Recht: Die Anschläge vom 11. September wären von noch nie da gewesener Intensität, die selbst bei mutigen Reisenden Angstgefühle auslösen, hieß es in der Begründung. Die USA selbst hätten sich unmittelbar nach den Ereignissen als im Krieg befindlich erklärt, und die weitere Bedrohung sei unabsehbar gewesen. Der Konsument bekam den gesamten Reisepreis zurück.

- Bei Bombenanschlägen und weiteren Terrordrohungen gegen touristische Einrichtungen kann man von einer solchen Gefahrenlage ausgehen. Sie kann – entgegen der von Reiseveranstaltern bisweilen geäußerten Auffassung – auch ohne formelle Reisewarnung durch das Außenministerium gegeben sein, es reichen seriöse Medienberichte.
- Ein wesentlicher Umstand ist der Zeitfaktor. Steht der Reiseantritt nicht unmittelbar bevor, ist es dem Konsumenten zuzumuten, dass er vorerst die weitere Entwicklung abwartet. Ein vorschnell erklärter Rücktritt kann nicht mit dem Wegfall der Geschäftsgrundlage gerechtfertigt werden.
- Fazit: Bei einer formellen Reisewarnung des Außenministeriums besteht immer das Recht zum Rücktritt. Ein Um-

kehrschluss – keine Reisewarnung, daher kein Rücktrittsrecht – ist jedoch nicht zulässig.

Umbuchung als Alternative

Aus den Urteilen in den Musterprozessen haben die Reiseveranstalter zumindest kurzzeitig gelernt. Als das österreichische Außenministerium Anfang 2008 eine Reisewarnung für Teile von Kenia erließ und ein hohes Sicherheitsrisiko für die Tourismusgebiete im Westen des Landes bekannt gab, boten viele Unternehmen ihren Kunden an, die Reise kostenlos auf einen späteren Zeitpunkt umzubuchen.

Nur ein gleichwertiges Umbuchungsangebot annehmen.

Eine solche Umbuchung muss man aber nur annehmen, wenn sie gleichwertig und somit zumutbar ist. Die Faktoren Reisetermin, Preis und gleicher Urlaubszweck spielen dabei die entscheidende Rolle. Ist die angebotene Ersatzreise hingegen nicht gleichwertig, kann der Reisende auf einen kostenlosen Rücktritt wegen Wegfalls der Geschäftsgrundlage bestehen. Er muss dann aber dem Reiseveranstalter darlegen, weshalb eine Umbuchung für ihn persönlich unzumutbar ist.

Falls Sie dennoch keinen Konsens mit dem Veranstalter erreichen können, raten wir Ihnen

- im Rücktrittsschreiben ausdrücklich auf Ihre Angst vor weiteren Unruhen und die damit verbundene Unzumutbarkeit hinzuweisen;
- allfällige Stornokosten nur „vorbehaltlich rechtlicher Klärung und Rückforderung“ zu bezahlen;
- den bereits beglichenen Betrag vom Veranstalter zurückzufordern, wenn Sie von der Reise zurücktreten wollen.

Sicherheitslage ständig checken

TIPP

Jeder Reisende, der sich in ein Gebiet mit einem hohen Sicherheitsrisiko begeben möchte, muss sich der Gefährdung bewusst sein. In diesem Fall empfehlen wir dringend, sich über die Sicherheitslage vor Ort genauestens zu informieren und diese auch während des Aufenthaltes regelmäßig zu überprüfen. Die aktuellen Daten dazu finden Sie in der Länderinformation auf der Website des Außenministeriums (www.bmeia.gv.at).

Urlaub und Gesundheit

Versicherungsmöglichkeiten
Maßgeschneiderter Impfschutz
Risiko Langstreckenflüge
Lebensmittelinfektionen vorbeugen

Bei Krankheit versichert

Krankheit im Urlaub kann teuer werden.

Niemand denkt gerne daran, dass er auch in den wohlverdienten Ferien krank werden könnte. Doch Sorglosigkeit im Zusammenhang mit der Gesundheit kann sich bitter rächen, denn selbst leichtere Erkrankungen können den Urlaubsspaß gründlich verderben und im Fall einer medizinischen Behandlung die Reisekasse schwer belasten. In diesem Kapitel haben wir das Wichtigste zu den Themen Auslandsreisekrankenversicherung, Impfschutz und reisebedingte Leiden zusammengefasst.

Die Tatsachen verheißen nichts Gutes: Laut Europäischer Reiseversicherung kostet ein Rückflug per Ambulanzjet durchschnittlich 14.400 Euro. Auch die krankheitsbedingte Rückreise in der Linienmaschine kommt noch auf satte 3000 Euro. Für eine Krankenbehandlung fallen im Schnitt über 1000 Euro an, die Behandlung nach einem Unfall liegt sogar bei über 13.000 Euro. Die Zahlen gelten für das Jahr 2006, und die Preisspirale dreht sich immer weiter nach oben. Die Krankenkasse freilich trägt die Kosten für eine Behandlung nur unter gewissen Voraussetzungen, für den Rücktransport in die Heimat zahlt sie keinen Cent. Grund genug also, vor der nächsten Reise an den Versicherungsschutz zu denken.

Wann und wo die e-card schützt

Für einen Urlaub im Inland finden Sie mit der e-card das Auslangen. Sie genügt, um sich bei allen Vertragsärzten und Vertragseinrichtungen Ihrer Krankenkasse behandeln zu lassen. Auch innerhalb Europas bietet das hellgrüne Plastikkärtchen einen Basisschutz, denn auf der Rückseite befindet sich - auf blauem Hintergrund - die Europäische Krankenversicherungskarte (EKVK). Sie kann für ambulante und stationäre Behandlungen bei allen Vertragsärzten und Vertragskrankenanstalten in EU- und EWR-Ländern (Belgien, Bulgarien, Dänemark, Deutschland, Estland, Finnland, Frankreich, Griechenland,

Großbritannien, Irland, Island, Italien, Lettland, Liechtenstein, Litauen, Luxemburg, Malta, Niederlande, Norwegen, Polen, Portugal, Rumänien, Schweden, Slowakei, Slowenien, Spanien, Tschechien, Ungarn und Zypern) sowie in der Schweiz verwendet werden.

Kommt die EKVK zum Einsatz, rechnet der ausländische Krankenversicherungsträger mit der österreichischen Krankenkasse ab. Gezahlt wird aber nur der Kassentarif, eventuelle Aufzahlungen oder Selbstbehalte müssen Sie selbst berappen. Nehmen Sie Wahl- und Privatärzte in Anspruch, ersetzt die Krankenkasse nur 80 Prozent des Betrages, der für die Behandlung hierzulande bezahlt würde.

In den EU-Ländern und der Schweiz gilt die Europäische Krankenversicherungskarte.

Nach den Kosten fragen

Soweit zur Theorie. Die Abwicklung in der Praxis sieht etwas anders aus. Wie erste Erfahrungen von Reisenden zeigen, wird in vielen EKVK-Ländern oft auf Barzahlung bestanden. Die Gründe: Für die Behandelnden fällt der bürokratische Aufwand weg und sie können flexiblere – sprich: höhere – Honorare verlangen. Erkundigen Sie sich daher, außer in akuten Notfällen, im Hotel oder bei anderen Touristen nach Vertragsärzten und -spitälern. Fragen Sie vor der Behandlung nach den Kosten und suchen Sie bei unangemessen hoch erscheinenden Honoraren eventuell einen anderen Arzt auf.

Erst fragen, dann bezahlen

TIPP

Kommt Ihnen der Rechnungsbetrag einer medizinischen Einrichtung im Ausland zu hoch vor, bezahlen Sie zunächst nicht. Nehmen Sie stattdessen unverzüglich Kontakt mit Ihrem Versicherer auf.

Achten Sie außerdem bei der Ausstellung der Rechnung auf möglichst genaue Angaben. Finden Sie das Datum, den Namen und die Adresse des Arztes oder des Krankenhauses, Ihre persönlichen Daten, die Art der Behandlung und eine detaillierte Kostenaufschlüsselung vor? Wieder zu Hause reichen Sie die

Honorararrechnung beim zuständigen Krankenversicherungsträger ein. Der Kostenersatz erfolgt, wie gesagt, nach den in Österreich gültigen Tarifsätzen. Liegen die ausländischen Behandlungskosten darüber, müssen Sie die Differenz selbst bezahlen oder – falls vorhanden – über die private Reiseversicherung abrechnen.

Honorarabrechnung von Behandlungskosten nur nach den in Österreich gültigen Tarifsätzen.

Beachten Sie außerdem die Angaben auf Ihrer EKVK:

- In Feld 9 ist das Ablaufdatum angeben. Da sich die Gültigkeitsdauer unter anderem nach den Vorversicherungszeiten richtet, sind unterschiedliche Angaben bei den einzelnen Familienmitgliedern sehr wahrscheinlich. Bei Ablauf der Gültigkeitsdauer wird automatisch eine neue e-card mit EKVK ausgestellt.
- Manchmal ist auf der EKVK nur die Kartennummer aufgedruckt, und alle anderen Felder sind mit Sternen versehen. In diesem Fall wurden die Ausstellungsbedingungen nicht erfüllt und die EKVK ist ungültig.
- Das Unterschriftenfeld darf nur die Unterschrift einer einzigen Person tragen. Bei Kindern unter 14 Jahren kann entweder die Begleitperson unterzeichnen oder man lässt das Feld überhaupt frei.

Überhöhtes Honorar

BEISPIEL

Ein Ehepaar wollte auf Teneriffa Sonne tanken. Doch der Urlaub wurde ein Reinfall: Beide mussten wegen starker Erkältung in ärztliche Behandlung. Die vom Hotelpersonal empfohlene Medizinerin verlangte ein außerordentlich hohes Honorar. Die Patienten bezahlten den geforderten Betrag, erlebten dann aber zu Hause eine böse Überraschung: Die Krankenkasse erstattete nur einen geringen Teil der Behandlungskosten, auf der satten Differenz blieb das Ehepaar sitzen.

Andere Regelungen

Über die Europäische Krankenversicherungskarte hinaus hat Österreich mit einigen Ländern ein bilaterales Abkommen zur Sozialversicherung geschlossen. So kann in Bosnien-Herzegowina, Kroatien, Mazedonien, Montenegro, Serbien und der Türkei der altbewährte Auslandskrankenschein bei der zuständigen Kasse oder Behörde gegen einen gültigen Behandlungsschein eingetauscht werden. Das ist aber oft leichter gesagt als getan, denn das jeweilige Amt finden Sie meist nicht im Ferienort, sondern viele Kilometer entfernt in der Hauptstadt. Und diesen Weg müssen Sie leider auf sich nehmen, denn der Auslandskrankenschein allein nützt Ihnen beim Arzt oder im Spital gar nichts.

Für Reisen in alle anderen Länder der Welt müssen die Kosten für eine ärztliche Behandlung und für Medikamente in jedem Fall zuerst aus der eigenen Tasche bezahlt werden. Die möglichst detaillierte Honorarrechnung kann dann zur Rückerstattung bei der zuständigen Krankenkasse eingereicht werden. Grundsätzlich nicht erstattet werden die Kosten für einen Rücktransport vom Urlaubsort an den Wohnort oder in ein Spital in der Heimat.

Private Reisekrankenversicherung

Besonders wenn Sie in ein Land mit niedrigem medizinischen Versorgungsstandard reisen, sollten Sie den Abschluss einer privaten Reisekrankenversicherung erwägen. Einige Anbieter wie die Europäische Reiseversicherung und Mondial Assistance haben sich darauf spezialisiert. Auf ihren Homepages stellen die beiden Gesellschaften ihre Angebote übersichtlich und verständlich dar. Die Palette reicht von Komplett-Schutz-Paketen über Jahres-Reise-Schutz bis hin zu separaten Reisekranken- oder Rückholversicherungen.

In Ländern mit niedrigem medizinischen Standard Zusatzversicherung sinnvoll.

Unser Tipp: Überlegen Sie, bevor Sie entsprechende Angebote einholen und vergleichen, ob nicht bereits Versicherungsschutz besteht – z.B. über eine private Zusatzkrankenversicherung oder Unfallversicherung mit europa- oder weltweiter Gültigkeit, über Ihre Kreditkarte, die Mitgliedschaft beim Alpenverein oder den Naturfreunden bzw. den Schutzbrief bei einem Autofahrerclub.

Außerdem sollten Sie Ihre Reisegewohnheiten berücksichtigen. Fahren Sie öfter im Jahr auf Urlaub, unternehmen Sie immer wieder Kurzreisen über die Grenze oder machen Sie häufig Wochenend-Städteflüge, kann sich eine Langzeit- oder Jahresversicherung lohnen. Wenn Sie mit dem Partner, den Kindern und eventuell sogar den Freunden der Kinder wegfahren, kommt ein Produkt, das die Mitreisenden inkludiert, am günstigsten. Schwierigkeiten können bei Menschen auftreten, die bereits an schweren Vorerkrankungen oder chronischen Krankheiten leiden: Sie erhalten oft gar keinen privaten Versicherungsschutz. Studieren Sie also auf jeden Fall das Kleingedruckte, bevor Sie einen Vertrag abschließen.

Bei einer Reisekrankenversicherung auf die Höhe der Deckungssummen achten.

Sehen Sie sich auch genau an, wann die Versicherung beginnt und wann sie endet. Normalerweise gilt sie ab Verlassen des Wohnortes bis zur Rückkehr dorthin, aber das ist nicht bei jeder Polizze so. Ebenfalls achten sollten Sie auf die Höhe der Deckungssummen, die für die einzelnen Leistungen angeboten werden. Orientieren Sie sich dabei an den eingangs erwähnten Beträgen, damit die Misere sich wenigstens finanziell in Grenzen hält.

Reisekrankenversicherungen – kurz und knapp

- Checken Sie, welcher Schutz durch die e-card, Ihre Kreditkarte, eine Mitgliedschaft in Autofahrerclubs und Alpenvereinen oder Ihre private Krankenzusatzversicherung gegeben ist.
- Bei Reisen in weiter entfernte Länder ist die Absicherung des Rücktransportes sinnvoll, denn die e-card bietet keinen derartigen Schutz.
- Beim Abschluss einer privaten Reisenkrankenversicherung achten Sie auf den Geltungsbereich, ausreichend hohe Deckungssummen, mitversicherte Personen und Voraussetzungen für den Schutz.
- Lassen Sie sich genau erklären, unter welchen Bedingungen der Versicherungsschutz eingeschränkt wird.
- Komplettpakete enthalten nicht nur sinnvolle Bestandteile. Einen Nutzen haben Reisestorno- und Reisekrankenver-

sicherung, die Sie aber auch separat abschließen können. Der in Paketen enthaltene Reisegepäckschutz bietet wenige Leistungen und ist, ebenso wie die private Haftpflicht, oft durch eine bestehende Haushaltsversicherung oder die Kreditkarte abgedeckt.

Keine Versicherung für alle Fälle

BEISPIEL

Wer denkt, eine private Reisekrankenversicherung deckt automatisch alle Behandlungskosten, der liegt leider falsch. Wird Ihnen etwa im Urlaub ein Zahn ausgeschlagen, ist der Fall sonnenklar: Es handelt sich um ein akutes Problem, die Versicherung zahlt anstandslos. Ganz anders bei Karies: Waren die faulen Stellen schon monatelang vorhanden und wachsen sich nun in den Ferien zu fürchterlichen Zahnschmerzen aus, die eine Behandlung dringend erfordern, werden Sie von der Versicherung kaum etwas bekommen.

Was verschiedene Anbieter leisten

Private Unfall- oder Zusatzkrankenversicherung. Deckt europa- oder weltweit auch die Behandlungskosten für Unfälle und Erkrankungen auf Reisen ab. Überprüfen Sie unbedingt den Geltungsbereich und achten Sie auf ausreichend hohe Versicherungssummen.

Reiseveranstalter. Bieten bei der Buchung oft standardisierte Versicherungspakete an. Haben Sie jedoch individuellere Wünsche, wenden Sie sich bitte an ein Unternehmen, das auf Reiseversicherungen spezialisiert ist.

OAFA und IFRA. Die Österreichische Ärzteflugambulanz (OAFA) und der Internationale Flugrettungsdienst Austria (IFRA) sind auf die Rückholung verletzter und erkrankter Personen aus dem Ausland per Flugzeug spezialisiert. Erhältlich sind nur standardisierte Versicherungspakete, keine separaten Reisekrankenversicherungen. Bei IFRA ist zusätzlich eine Jahresmitgliedschaft Voraussetzung.

Autofahrerclubs. ARBÖ und ÖAMTC bieten ausschließlich für ihre Mitglieder einen Sicherheitspass oder Schutzbrief mit unterschiedlichen Leistungen und Geltungsbereichen an. Achten Sie genau darauf, welchen Versicherungsschutz Sie benötigen: Länder, Dauer, Anzahl der Versicherten usw.

Alpenverein und Naturfreunde. Bieten im Rahmen einer Mitgliedschaft Reiseversicherungsschutz. Der Jahresbeitrag ohne Ermäßigungen ist derzeit beim Alpenverein 48,50 Euro, bei den Naturfreunden 39,50 Euro. Bei den Naturfreunden sind nur Freizeitunfälle automatisch inkludiert, eine weltweit gültige Auslandsreiseversicherung können Sie durch die Aufzahlung von 7 Euro abschließen.

Auch einige Kreditkarten bieten Reiseversicherungsschutz.

Kreditkarten. Der angebotene Reiseversicherungsschutz ist sehr unterschiedlich und oft an bestimmte Bedingungen geknüpft. Es gibt auch Karten ohne jeglichen Versicherungsschutz. Sie sind dann sinnvoll, wenn man für Krankheiten auf Reisen schon anderwärtig vorgesorgt hat. Prüfen Sie immer genau, welchen Schutz Ihre Karte bietet, und lesen Sie die Unterlagen durch. Eine detaillierte Übersicht über den Schutz, den einzelne Kreditkarten bieten, finden Sie in Konsument 6/2007.

Rechtzeitig vorsorgen

Schutzimpfungen ermöglichen eine wirkungsvolle Vorbeugung vor etlichen schweren Infektionskrankheiten, die bleibende Schäden hinterlassen oder sogar tödlich enden können. Ob Hepatitis, Typhus oder Cholera – informieren Sie sich rechtzeitig über die Gefahren einer Ansteckung in Ihrem Urlaubsland. Der optimale Zeitpunkt, mit dem Impfprogramm zu starten, ist vier bis sechs Wochen vor Reiseantritt. Aber selbst für Last-Minute-Bucher, die sich innerhalb weniger Tage für eine Reise entscheiden, stehen noch sinnvolle Prophylaxe-Maßnahmen zur Verfügung.

Am besten überprüfen Sie zunächst durch einen Blick in Ihren Impfpass, ob Sie auch die für Österreich empfohlenen Impfungen wie etwa die Vierfachkombination Tetanus, Diphtherie, Kinderlähmung und Keuchhusten auffrischen müssen. Danach gilt es, gemeinsam mit einem erfahrenen Reisemediziner den speziellen Erkrankungsrisiken im Urlaub vorzubeugen. Wesentlich ist ein ausreichender Impfschutz vor allem in tropischen Gebieten und Ländern mit geringen Hygienestandards. Bedenken Sie, dass manche Staaten für die Einreiseerlaubnis nur ein Mindestmaß an Impfungen vorschreiben. Dabei geht es vorrangig um den Schutz des jeweiligen Landes und seiner Bevölkerung. Um Ihre eigene Gesundheit sicherzustellen, ist jedoch darüber hinaus höchstwahrscheinlich eine größere Anzahl an Impfungen nötig.

Rechtzeitig für ausreichenden Impfschutz sorgen.

Zudem beeinflusst der Zweck Ihrer Reise den individuellen Impfplan. So macht es z.B. einen Unterschied, ob Sie sich in einer Hotelanlage mit gehobenem Standard erholen oder als Rucksacktourist entlegene Gebiete erkunden. Leider tendieren Letztere aus Kostengründen dazu, es mit der Impfvorsorge nicht so genau zu nehmen. Gerade für junge Backpacker aber, die mehrere Wochen oder Monate abseits der Zivilisation unterwegs sind, wären Impfungen gegen Hepatitis, Tollwut oder Gelbfieber besonders wichtig.

Maßgeschneiderter Impfschutz

Unsere Tabelle (► Seite 104) gibt Ihnen einen Überblick über die gegenwärtigen Impfempfehlungen (Stand: November 2008). Sie ersetzt keinesfalls die persönliche Beratung durch den Arzt.

Reiseziel und Impfempfehlung

	Europa	GUS	Nordafrika	Tropisches Afrika	Südafrika	Nordamerika	Mittelamerika	Südamerika	Naher Osten	Indonesischer Subkontinent	Südostasien	Ozeanien	Australien
Cholera				●			●	●	●	●	●		
Diphtherie	●	●	●	●	●	●	●	●	●	●	●	●	●
FSME	●	●											
Gelbfieber				●				●	●				
Hepatitis A		●	●	●	●	●	●	●	●	●	●	●	●
Hepatitis B	●	●	●	●	●	●	●	●	●	●	●	●	●
Japan-B Enzephalitis										●	●	●	
Malaria*				●	●		●	●	●	●	●	●	
Masern						●							
Meningitis	●			●						●	●		
Polio (Kinderlähmung)	●	●	●	●	●	●	●	●	●	●	●	●	●
Tetanus	●	●	●	●	●	●	●	●	●	●	●	●	●
Tollwut	●	●	●	●	●	●	●	●	●	●	●	●	●
Typhus		●	●	●	●				●	●	●		●

* Die Erreger der Malaria sind tierische Einzeller, gegen die es keinen Impfstoff gibt. Die vorbeugende Einnahme von Medikamenten senkt das Erkrankungsrisiko, bietet aber keinen hundertprozentigen Schutz. Da verschiedene Arten von Erregern regional und saisonal unterschiedlich auftreten, empfiehlt es sich, die Prophylaxe gemeinsam mit einem erfahrenen Tropenmediziner zu planen. Ebenso gehören Insektensprays und Moskitonetze mit ins Reisegepäck, um sich vor den dämmerungs- und nachtaktiven Steckmücken zu schützen, die die Krankheit übertragen.

Vor diesen Krankheiten sollten Sie sich außerdem schützen

Dengue-Fieber. Diese virusbedingte, gefährliche Infektion ist in tropischen und subtropischen Teilen der Welt weit verbreitet. Sie wird wie die Malaria von Stechmücken übertragen, die jedoch auch bei Tag aktiv sind. Derzeit gibt es weder Impfstoffe noch Medikamente zur Prophylaxe gegen das Dengue-Fieber. Die möglichen Vorbeugungsmaßnahmen beschränken sich darauf, Insektenstiche zu vermeiden: die Verwendung von Repellents und das Imprägnieren der Kleidung mit dem Insektizid Permethrin.

Pertussis (Keuchhusten). Vor allem Kleinkindern, Senioren und Immungeschwächten kann die weltweit vorkommende, hochinfektiöse Erkrankung Probleme bereiten. Die Impfung gegen Keuchhusten ist Teil des österreichischen Impfplans und wird heute in Kombination mit Diphtherie, Tetanus und Kinderlähmung verabreicht. Achten Sie auf Ihren aktuellen Impfschutz, denn alle zehn Jahre muss er aufgefrischt werden.

HIV. Dass viele Infektionskrankheiten durch Sexualkontakte übertragen werden können, ist bekannt. Weniger bekannt ist, dass die HIV-Durchseuchungsrate im Prostituiertenmilieu afrikanischer und asiatischer Länder 80 bis 90 Prozent beträgt. Sexualkontakte mit Einheimischen sollten Sie deshalb grundsätzlich vermeiden, denn auch die Verwendung von Präservativen garantiert keinen absoluten Schutz vor Ansteckung.

Auch Präservative garantieren keinen absoluten Schutz vor einer HIV-Infektion.

Grippe. Viele Mediziner warnen vor Influenza-Epidemien und raten zur alljährlichen Grippeschutzimpfung. Fragen Sie Ihren Arzt auch nach der Impfung gegen Pneumokokken, denn die Erreger der Lungenentzündung machen sich vor allem im Gefolge einer Grippe im Organismus breit und können besonders Kleinkindern, älteren Menschen und chronisch Kranken den Tod bringen.

Fit auf Reisen

Ein Ortswechsel ist immer eine Strapaze für Körper und Seele. Je weiter entfernt das Urlaubsziel, desto anstrengender wird es. Anderes Klima, andere Höhenlage, andere Menschen – darauf muss man sich erst einstellen. Doch auch die Reise selbst bedeutet für den Organismus eine Belastung. Wie gut man sie verkraftet, hängt von der persönlichen Konstitution, den vorbeugenden Maßnahmen und der Zeit ab, die man sich selbst für die Eingewöhnung am Urlaubsort zugesteht. Nicht zuletzt spielt auch die eigene Einstellung eine Rolle: Wer lieber in die Berge gefahren wäre und nun dem Partner zuliebe seinen Sommerurlaub in Griechenland verbringt, wird höchstwahrscheinlich länger und stärker unter der Hitze leiden als der klassische Sonnenanbeter.

Gefahren von Langstreckenflügen

Die Zunahme von Langstreckenflügen machte vor einigen Jahren auf ein gesundheitliches Problem aufmerksam, dem man zuvor vergleichsweise wenig Beachtung geschenkt hatte: die Entstehung von Blutgerinnseln durch längeres, beengtes Sitzen. Doch nicht nur im Flugzeug, auch im Auto, im Bus und in der Bahn verlangsamt Bewegungsmangel, kombiniert mit geringer Flüssigkeitszufuhr und herabgesetzter Luftfeuchtigkeit, den Blutfluss in den tiefen Beinvenen. Ein Thrombus kann sich bilden, der sich losreißt und auf seinem Weg durch die Blutbahn über das Herz in die Lunge gelangt. Dort verstopft der Pfropfen ein Gefäß, wodurch für den Organismus rasch ein lebensbedrohender Zustand entsteht. Mediziner nehmen an, dass etwa jeder fünfte plötzliche Todesfall an Bord eines Flugzeugs durch eine Lungenembolie ausgelöst wird.

Reisethrombose: Blutgerinnsel bei langem und beengtem Sitzen.

Die folgende Aufzählung hilft Ihnen, Ihr persönliches Risiko einzuschätzen:

- Wenn Sie erst vor kurzem operiert wurden, einen gelenkübergreifenden Gipsverband tragen, an Krebs leiden oder bei Ihnen bereits früher ein Blutgerinnsel aufgetreten ist, dann setzen Sie sich auf einer Langstreckenreise einem hohen Thromboserisiko aus. Wägen Sie in diesem Fall Nutzen und Gefahren der Reise sorgfältig ab.

- Ein mittleres Erkrankungsrisiko haben Personen über 60 Jahre, Raucher, Fettleibige, Herzkranke, Schwangere, Frauen, die die Antibabypille einnehmen oder sich während der Wechseljahre einer Hormonersatztherapie unterziehen, sowie Patienten mit Krampfadern. Auch die genetische Veranlagung spielt eine Rolle. Ihr Arzt kann sie mit dem sogenannten APC-Test feststellen.
- Selbst bei Gesunden, die keinerlei der genannten Risikofaktoren aufweisen, besteht bei längerem Sitzen mit angewinkelten Beinen die Gefahr, an einer Reisethrombose zu erkranken.

Wie Sie der Reisethrombose wirksam vorbeugen

Bewegung. Die besten Vorsorgemaßnahmen sind Aufstehen und Gehen. Ist das nicht möglich, machen Sie Bewegungsübungen im Sitzen: Füße kreisen, Fersen heben und senken, Unterschenkel pendeln lassen, Oberschenkel abwechseln anheben und dabei Gehbewegungen machen.

Flüssigkeit. Sorgen Sie für eine ausreichende Flüssigkeitszufuhr. Als Faustregel gilt: Mindestens einen Viertelliter pro Stunde trinken. Verzichten Sie jedoch wegen der harntreibenden und somit entwässernden Wirkung auf Alkohol und koffeinhaltige Getränke. Am besten ist kohlensäurefreies Mineralwasser.

Langstreckenflüge: Viel kohlensäurefreies Mineralwasser trinken.

Keine Beruhigungsmittel. Nehmen Sie keine dämpfend wirkenden Medikamente ein, denn durch ein Schlafmittel verharren Sie in Bewegungslosigkeit. Auch den Zug an der Zigarette unterlassen Sie lieber.

Stützstrümpfe. Reisende mit mittlerem Thromboserisiko sollten zusätzlich zu den erwähnten Maßnahmen medizinische Stützstrümpfe tragen, die die Venen komprimieren und die Gefahr von Blutgerinnseln verringern.

Niedermolekulare Heparine. Dabei handelt es sich um Medikamente, die der Entstehung einer Thrombose vorbeugen. Patienten mit erhöhtem Risiko müssen sich ein solches Mittel vor Reiseantritt in die Bauchfalte spritzen. Bei Rundreisen ist eine tägliche Injektion nötig. Nach der Einschulung durch Ihren Arzt und anfänglichem Unbehagen können Sie die Technik in kurzer Zeit erlernen. Wenn Sie sich allerdings während der zwölfstündigen Wirkungsdauer des Medikamentes auch nur gering verletzen, kann es zu anhaltenden Blutungen kommen, die ärztlich versorgt werden müssen.

ASS. Die Einnahme von ASS (Acetylsalicylsäure) wirkt gegen eine Venenthrombose nicht.

Symptome. Bildet sich ein Blutgerinnsel, kann Ihr Bein anschwellen und schmerzen, die Haut sich bläulich oder rötlich verfärben. Achtung: Diese Krankheitszeichen treten nicht immer auf. Dennoch kommt es mitunter zu einer Gefäßschädigung bis hin zur Lungenembolie!

Mittel gegen die Reisekrankheit

Viele Menschen leiden an Übelkeit auf Reisen.

Eine Autofahrt auf kurvenreicher Strecke, ein Schiffsausflug bei hohem Wellengang oder das Gerüttel im Flugzeug bei Luftturbulenzen – fast niemand ist vor dem Auftreten der Reisekrankheit gefeit. Besonders empfindlichen Personen wird oft schon schlecht, wenn sie sich nur in einen Bus setzen. Die Beschwerden sind vielfältig: Als Frühwarnzeichen zeigt sich wiederholtes, zwanghaftes Gähnen, gefolgt von Gesichtsblässe und Schweißausbrüchen, Pulsanstieg, Schwindel, Übelkeit und Erbrechen. Dauert Letzteres über einen längeren Zeitraum an, kann es zu einem gefährlichen Flüssigkeits- und Salzmangel im Körper kommen, der zum Kreislaufkollaps führt.

Schwere und anhaltende Symptome schlagen sich zudem auf die Psyche. Manche Betroffene tragen sich sogar mit Selbstmordgedanken.

Die Ursache der Reisekrankheit – einer sogenannten Kinetose – liegt im aus dem Ruder laufenden Zusammenspiel zwischen Auge, Gleichgewichtsorgan, Gehirn und Magen. Wenn die Umgebung in Bewegung ist, finden die Augen keinen Fixpunkt. Gleichzeitig wird das Gleichgewichtsorgan im Innenohr überreizt. Die beiden Sinnesorgane liefern dem Gehirn unterschiedliche Informationen, wodurch das Brechzentrum aktiviert und über das vegetative Nervensystem Übelkeit ausgelöst wird. Neueren Erkenntnissen zufolge reagieren die Gehirnzellen auf diese Stresssituation mit der Ausschüttung des Botenstoffes Histamin, der auch bei Allergien eine zentrale Rolle spielt.

Was wirkungsvolle Maßnahmen gegen die Reisekrankheit betrifft, die schlechte Nachricht zuerst: Sämtliche angebotenen Medikamente können eine Kinetose nicht heilen, sondern lediglich deren Symptome lindern. Die gute Nachricht: Durch richtiges Verhalten können Sie selbst gezielt dem Auftreten der Beschwerden vorbeugen.

Die besten Tipps gegen Übelkeit

Medikamente. Als wirksamstes Arzneimittel hat sich in der Praxis der Wirkstoff Cinnarizin erwiesen. Ebenfalls geeignet sind unter anderem Scopolamin-Pflaster, antihistaminhaltige Präparate und Vitamin-B6-Präparate. Vorsicht: Viele Mittel machen müde, verlangsamen die Reaktionsfähigkeit und schränken die Fahrtüchtigkeit ein.

Medikamente gegen Übelkeit lindern nur die Symptome.

Vitamin C. Da der Körper beim Histamin-Abbau Vitamin C verbraucht, empfiehlt sich eine Vitamin-C-Gabe in Form von Kautabletten. Hingegen sind Brausetabletten zur Symptombehandlung der Reisekrankheit nicht geeignet, weil sie zu langsam wirken.

Ernährung. Verzichten Sie mindestens 24 Stunden vor einer geplanten Reise auf Alkohol und schwere Speisen. Nehmen Sie insbesondere keine histaminhaltigen Nahrungsmittel wie etwa Salami, Rohschinken, Hartkäse, Fischkonserven, Tomaten, Rotwein und Bier zu sich.

Sitzplatz. Im Auto ist der beste Platz am Steuer, denn dem Lenker wird selten schlecht. Ist das nicht möglich, gilt der Beifahrersitz als zweitbeste Wahl. Empfindliche Personen sollten im Bus vorne, im Zug stets in Fahrtrichtung sitzen. Bei Flügen ist ein Platz am Mittelgang im Bereich der Tragflächen ratsam.

Optischer Eindruck. Versuchen Sie den Kopf möglichst ruhig zu halten und schauen Sie aus dem Fenster. Die Zeitung oder ein Buch zu lesen sowie die Straßenkarte zu studieren verstärkt die Übelkeit.

Schlaf. Auch Ruhe und Schlaf sind bewährte Maßnahmen gegen die Reisekrankheit. Legen Sie auf längeren Autofahrten ausreichend Pausen ein, denn mit etwas Bewegung in frischer Luft wirken Sie den Beschwerden effektiv entgegen.

Krank in der Fremde

Ganz unterschiedliche Situationen führen Reisende im Ausland zum Arzt oder in medizinische Pflege: Da bekommt etwa ein ansonsten Gesunder plötzlich hohes Fieber oder erleidet einen Unfall. Bei einem anderen Touristen verschlechtert sich durch den Klimawechsel ein chronisches Leiden.

Manche Schmerzgeplagte suchen Linderung bestehender Beschwerden und entscheiden sich für einen Kururlaub fernab der Heimat. Wieder andere werden zu „Behandlungstouristen", weil sie sich z.B. bei auswärtigen Zahnärzten oder Schönheitschirurgen Kostenvorteile versprechen.

Egal in welcher Situation Sie ärztliche Hilfe benötigen – die Qualität medizinischer Leistungen einzuschätzen, ist selbst in Österreich für Patienten nicht einfach. Wenn zudem mangelnde Sprachkenntnisse die Kommunikation zwischen Arzt und Patient behindern, wird es noch schwieriger, zwischen guter und schlechter Behandlung zu unterscheiden. Grundsätzlich kann man davon ausgehen, dass in Ländern mit geringerer Wirtschaftskraft das Niveau der Gesundheitsversorgung deutlich niedriger ist als in Österreich.

Ärzte und Krankenhäuser im Ausland

Medizinische Leistungen im Ausland: Für Patienten oft schwer zu kontrollieren.

Medizinisch kompetentes Handeln mit gezielter Suche nach auslösenden Krankheitsursachen und darauf abgestimmte Behandlungsvorschläge sind in den Gesundheitssystemen etlicher Staaten nicht routinemäßiger Standard. Maßnahmen nach dem Motto „Viel hilft viel“ bedeuten in der Regel nicht die optimale Therapie. Genauso wenig wie Patienten kontrollieren können, ob das Expertenwissen und die angebotene Technik auf dem neuesten Stand sind, können sie feststellen, ob die Ordination sich an gültige Leitlinien hält oder externe Qualitätsprüfungen zulässt. Wie erkennen Reisende also im Vorhinein, ob ein Arzt für ihre Gesundheit zuträglich ist?

- Ein wichtiges Kriterium für die Güte einer medizinischen Einrichtung liegt im Verständnis, das man Ihnen als krankem Urlauber entgegenbringt. Das medizinische Personal sollte auf Sprachprobleme Rücksicht nehmen und Ihnen zugestehen, Ihre Fragen und Ängste zu äußern.
- Offenheit ist ein weiteres Qualitätsmerkmal. Ein Arzt, der Ihnen auch die Nachteile seiner Empfehlungen nennt, hat erfahrungsgemäß weniger Bedenken bezüglich seiner Behandlungsmethoden als einer, der nur die Vorzüge anpreist. Macht der Mediziner Ihnen die Möglichkeiten, Grenzen und Gefahren einer Therapie nicht transparent, hat er möglicherweise etwas zu verbergen.
- Für Klarheit kann auch ein aufmerksamer Blick auf die Abläufe, die Hygiene und den Umgangston in der Ordination sorgen: Wie spricht der Arzt mit der Sprechstundenhilfe? Wie ordentlich und sauber ist es in der Praxis? Wird Einwegmaterial tatsächlich nur einmal benutzt?

- Fragen Sie nach der Diagnose und dem Ausschluss von anderen Krankheitsursachen. Erkundigen Sie sich, welche der medizinischen Untersuchungen und Behandlungen für Ihre Situation überhaupt bedeutend sind. Wenn ein Arzt z.B. Dengue-Fieber vermutet und Malaria ausschließen kann, sind nur lindernde Maßnahmen möglich. Hat er Ihnen aber Tabletten verordnet, haben diese keinerlei heilende Wirkung.
- Bevor Sie sich auf einen Behandlungsplan einlassen, sollten Sie ihn in seiner Zielsetzung und in seinen Grenzen verstehen. Was sind die Für und Wider der Therapievorschläge? Welche kurz- und langfristigen Nebenwirkungen können auftreten? In welchem Verhältnis stehen Nutzen und Kosten der Behandlung? Welche Alternativen gibt es? – Möglicherweise ist eine schnelle Heimreise oder ein Rücktransport nach Hause sinnvoller als die Behandlung vor Ort.

Rücktransport nach Hause oft sinnvoller als langwierige Behandlung.

Macht Urlaub krank?

Die Frage mag reißerisch klingen, relativiert sich aber angesichts der Tatsache, dass – laut Zentrum für Reisemedizin in Wien – rund 80 Prozent der Interkontinentaltouristen mit gesundheitlichen Beeinträchtigungen zu kämpfen haben. Dabei rangieren Atemwegserkrankungen an erster Stelle, gefolgt von Durchfallserkrankungen, die etwa 40 Prozent der Reisenden betreffen. Aber auch bei Urlaubern in weniger exotischen Gefilden zeigen sich körperliche Beschwerden durchaus häufig. Man denke nur an all die hellhäutigen Nordländer, die nach dem dritten Tag am südlichen Strand mit Brandblasen im Krankenhaus landen. Ganz zu schweigen von den Spätfolgen, die Sonnenanbeter sich durch die starke UV-Strahlung einhandeln und oft Jahre später mit einem Hautkrebsleiden bezahlen.

Leichtsinn und Selbstüberschätzung sind aber bei weitem nicht in jedem Fall Auslöser von typischen Urlaubskrankheiten. So kommt es gerade in den Tophotels der Tropen und Subtropen immer wieder zu Magen-Darm-Infektionen, obwohl dort großer Wert auf Sauberkeit bei der Speisenzubereitung gelegt wird. Der Grund: Die Urlauber lassen sich durch das gediegene Ambiente täuschen und essen mitunter Gerichte, von welchen sie in unappetitlicherer Umgebung die Finger lassen würden. In Ländern mit niedrigen hygienischen Standards sind jedoch oft schon die Lebensmittel und das Trinkwasser mit Krankheitserregern kontaminiert, da Kanalisation und Abfallentsorgung nicht den vergleichbaren Einrichtungen bei uns im Westen entsprechen.

Gediegenes Ambiente kann über schlechte Hygieneverhältnisse hinwegtäuschen.

Halten Sie sich deshalb zur Vermeidung von Reisedurchfall an die Maxime der kolonial erfahrenen Briten:

Cook it. Verzichten Sie auf alles Ungekochte: Leitungswasser, Eiswürfel, Speiseeis, Salate, rohes Gemüse, rohes Fleisch und rohen Fisch. In Flaschen abgefülltes Mineralwasser, original verschlossene Softdrinks und ausreichend gegarte Gerichte können Sie hingegen getrost genießen.

Peel it. Obst, das sich nicht schälen lässt, sollen Sie ebenfalls meiden. Bei den schälbaren tropischen Früchten wie Mango, Ananas und Papaya dürfen Sie aber nach Herzenslust zugreifen. Bedenken Sie dabei nur, dass beim Schälvorgang Bakterien auf die Hände gelangen. Daher vor dem Essen Händewaschen.

Or leave it. Stehen lassen heißt die Devise auch bei Mayonnaisen, Pasteten und ungekochten Milcherzeugnissen, da in vielen Regionen aufgrund von Stromabschaltungen die Kühlkette nicht immer gewahrt bleibt.

Schadenersatz bei Krankheit durch Hotelverpflegung

Prinzipiell haftet ein Reiseveranstalter natürlich nicht für Krankheiten seiner Kunden. Wurden die Beschwerden aber durch infiziertes Essen aus der Hotelküche verursacht, dann muss der Reiseveranstalter für Fehler seiner örtlichen Partner – in diesem Fall des Hotelmanagements – einstehen. Der Gast kann Ansprüche auf Schadenersatz geltend machen – einerseits für finanzielle Verluste wie Heilungskosten und Verdienstentgang,

Musterbrief Schadenersatz

Max Muster
Mustermannstraße 10
1000 Musterstadt

An die
Wait&Fly ReisenveranstaltungsGmbH
Sonnentorplatz 11
1010 Wien

Wien, 10.8.2008

EINSCHREIBEN
Mängelrüge/Schadenersatz

Sehr geehrte Damen und Herren,
am 15.3.2008 habe ich bei Ihnen die in Ihrem Sommerkatalog „Wait&Fly 2008" angebotene Pauschalreise in die Türkei für die Zeit vom 26.7.2008 bis 9.8.2008 zum Gesamtpreis von € 1400 gebucht. Meine beiden Kinder und ich sind am 31.7.2008 an schwerem Brechdurchfall mit Fieberschüben erkrankt. Wir mussten den Rest des Urlaubs mit schweren Bauchkrämpfen im Bett verbringen. Meine Frau musste uns pflegen. Für alle Familienangehörigen hatte der Urlaub ab der Erkrankung keinerlei Erholungswert. Meine Tochter wurde auch zwei Tage im Krankenhaus behandelt. Nach unserer Rückkehr wies unser Hausarzt in unseren Stuhlproben Salmonellen nach. Da meinem Eindruck nach zwei Drittel aller Gäste und auch des Personals ebenfalls schlagartig erkrankt waren, geht mein Arzt davon aus, dass die Infektion durch Essen oder Getränke vom Hotelbuffet verursacht worden sein muss.
Da Sie für das Verschulden Ihrer Erfüllungsgehilfen vor Ort einzustehen haben, haften Sie uns für folgende Schäden:
a) Heilungskosten Alice Muster € 100 (Spitalsrechnung liegt bei)
b) Schmerzensgeld für Max, Alice und Benny Muster € 1965,09 (72,67 x 9 Tage x 3 Personen)
c) Schadenersatz entgangene Urlaubsfreude € 1800 (50 x 9 x 4 Personen)

Gesamt: € 3862,09

Ich fordere Sie auf, mir diesen Betrag zuzüglich 4 % Zinsen seit dem Tag der Zahlung binnen sieben Tagen auf mein Girokonto bei der Sparbank (BLZ 80101) zur Kontonummer 007 126 482 zu überweisen.

Mit freundlichen Grüßen
Max Muster

andererseits für immaterielle Schäden, also Schmerzensgeld und entgangene Urlaubsfreude (► Seite 90 f.). Auch Personen, die selbst nicht krank wurden, aber ihre Mitreisenden pflegen mussten anstatt den Urlaub zu genießen, haben das Recht auf Schadenersatz für entgangene Urlaubsfreude.

Gerichtliche Klagen sind nur bei Explosivepidemien erfolgreich.

In der Praxis müssen Sie Ihren Anspruch höchstwahrscheinlich bei Gericht einklagen. Dieses Unterfangen ist aber nur dann erfolgreich, wenn der Umstand einer Explosivepidemie gegeben war, also im betreffenden Hotel zeitgleich viele weitere Gäste schlagartig an denselben Symptomen gelitten haben. In einem solchen Fall wird man daher vor Ort die Kontaktdaten von Betroffenen sammeln und Beweise in Form von Fotos, Videos, ärztlichen Befunden und eventuell sogar Stuhlproben sichern. Außerdem sollten Sie sich bei der Reiseleitung beschweren und eine Bestätigung dafür verlangen. Nach Ihrer Heimkehr können Sie Ihre Ansprüche durch einen eingeschriebenen Brief an den Reiseveranstalter geltend machen.

Das gehört in die Reiseapotheke

Welche Medikamente Sie in den Urlaub mitnehmen sollten, hängt von verschiedenen Faktoren ab. Zum einen müssen Sie Ihren Gesundheitszustand berücksichtigen: Der für die Reise nötige Gesamtvorrat an Arzneien, die Sie auch zu Hause ständig einnehmen, gehört ins Handgepäck. Zusätzlich können Sie eine kleine Reserve davon ins Fluggepäck geben. Zum anderen entscheiden der Zielort und die dortige medizinische Versorgung über die Zusammensetzung Ihrer Reiseapotheke: Wer in Nord- oder Mitteleuropa bleibt oder nach Nordamerika fliegt, kommt mit der unten angeführten Grundausstattung aus. Für südliche oder tropische Länder sowie Staaten mit niedrigen hygienischen Standards benötigt man zusätzlich Mittel gegen bakterielle Durchfallerkrankungen oder Medikamente zur Malariavorbeugung. Beachten Sie bitte auch die Einfuhrbestimmungen Ihres Urlaubslandes: Mit Psychopharmaka wie etwa Schlafmitteln sowie Spritzen und Nadeln könnten Sie sich unter Umständen Schwierigkeiten bei der Zollkontrolle einhandeln.

Apropos Checkliste - vergessen Sie als gesundheitsbewusster Urlauber vor allem eines nicht: Ihren Hausverstand. Wer sich gleich am ersten Tag mit blasser Haut ungeschützt in die pralle Sonne legt, braucht sich über einen schweren Sonnenbrand nicht zu wundern. Und die Klimaanlage auf die höchste Stufe einzustellen, wenn man verschwitzt ins Hotelzimmer kommt, hat höchstwahrscheinlich einen Schnupfen oder Husten zur Folge. Auch sollten Sie in Ländern mit problematischer Trinkwasserversorgung selbst beim Zähneputzen auf Mineralwasser zurückgreifen.

Reiseapotheke

CHECKLISTE

- ☐ Medikamente, die Sie ständig einnehmen müssen
- ☐ Verbandszeug, Schere, Pinzette
- ☐ Wunddesinfektionsmittel
- ☐ Wundsalbe
- ☐ Sportsalbe gegen Schwellungen und Blutergüsse
- ☐ Fieberthermometer
- ☐ Mittel gegen Erkältungskrankheiten (Halsweh, Husten, Schnupfen)
- ☐ Ohrentropfen
- ☐ Augentropfen
- ☐ Schmerzmittel
- ☐ Insektenschutzmittel
- ☐ Salbe gegen Juckreiz
- ☐ Sonnenschutzmittel
- ☐ Creme gegen Sonnenbrand
- ☐ Medikamente gegen Reisekrankheit
- ☐ Mittel gegen Erbrechen, Durchfall und Verstopfung

Zusätze für südliche bzw. tropische Länder

- ☐ Mittel zur Malaria-Prophylaxe
- ☐ Spritzen-Sets mit mehrsprachigem Aufdruck aus der Apotheke
- ☐ Mittel zur Rehydrierung (Lösungen aus der Apotheke)

Andere Länder, andere Sitten

Interkulturelle Kompetenz

Was in anderen Ländern verboten ist

Kleiner Auslandsknigge

Gute Manieren sind relativ. Was zwischen Eisenstadt und Bregenz zum guten Ton gehört, gerät fernab der Heimat mitunter zum Fauxpas. Die folgenden Beispiele zeigen, wie Sie Tritte ins Fettnäpfchen vermeiden. Außerdem finden Sie in diesem Kapitel Infos über Rechtsvorschriften im Ausland.

Kaffee nach dem Essen in Irland – Zeit zum Aufbruch.

Wir Österreicher plaudern gerne ausgiebig bei einer Tasse Melange und vergessen dabei leicht den Blick auf die Uhr. Mit diesem Verhalten können wir an und für sich trinkfreudige Iren gründlich vor den Kopf stoßen: Wenn Sie auf der Grünen Insel zum Essen eingeladen sind und Ihr Gastgeber nach dem Dessert den Kaffee serviert, will er damit signalisieren, dass die Zeit zum Aufbruch naht. Tatsächlich sollten Sie sich demnächst verabschieden, wollen Sie nicht aufdringlich erscheinen.

Gerade bei Tisch ist interkulturelle Kompetenz gefragt. Wer etwa beim Warten auf seine Paella in Hektik gerät, wird im spanischen Restaurant nicht durch Taktgefühl auffallen. Auch den Franzosen ist Eile beim Essen fremd. Im Land der Gourmets wird während des Diners locker parliert, ernste Themen bespricht man grundsätzlich erst „entre le fromage et la poire", was im Klartext bedeutet: Warten Sie mit dem Wesentlichen bis zum Dessert. Und in Rom nehmen Sie besser erst die zweite Aufforderung zu Pasta e Vino an, denn die erste Einladung zählt für Ihre italienischen Bekannten nicht.

Zeichensprache

Im Zug nach Warschau unterhalten Sie sich angeregt mit einem Polen. Plötzlich starrt Ihr Gesprächspartner Sie an und fährt mit der Handkante über seine Kehle. Will er Sie mit dieser Geste vor den Gaunern in seiner Hauptstadt warnen? Oder ist er gar selbst ein gefährlicher Killer? Keineswegs. Der Mann ist Ihnen freundlich gesinnt, denn er hat Sie gerade wissen lassen, dass seine Kehle trocken ist, und einen gemeinsamen Bummel durch die Kneipen vorgeschlagen.

In einem New Yorker Hotel wiederum entspinnt sich zwischen Ihnen und dem Barkeeper eine geistreiche Konversation. Nach einer Ihrer Bemerkungen tippt Ihr Gegenüber mit dem Zeigefinger an seine Stirn. Nun sollten Sie einen kühlen Kopf bewahren und sich geschmeichelt fühlen: Die Handbewegung, mit der man bei uns „einen Vogel zeigt", bedeutet in Nordamerika, dass man den anderen für reichlich clever hält.

Die Geste für das „Ja" kann in Indien leicht zu Irrtümern führen. Sie besteht aus einem Kopfschlenkern nach der Seite, das unserem verneinenden Kopfschütteln ähnelt. Meint der Inder hingegen „Nein", zuckt er kurz mit dem Kopf und schnalzt dabei mit der Zunge.

Auch was Verhaltensforscher mit Individualdistanz bezeichnen, differiert in Ost- und Westeuropa beträchtlich. Während z.B. die Russen selbst zu Fremden geringen Abstand halten, gilt für die zurückhaltenden Briten: „We don't touch!" – körperlicher Kontakt zu Unbekannten wird als unangenehm empfunden, auch die Hand reicht man nur bei der ersten Vorstellung oder wenn man einander lange nicht gesehen hat.

Nicht überall reicht man sich zur Begrüßung die Hand.

Ein Wort noch zu Religion und Gebräuchen: Achten Sie in Ländern mit streng katholischer oder islamischer Tradition auf Ihre Bekleidung. Das gilt besonders beim Besuch von Kirchen und Moscheen. Bekunden Sie auch zwischenmenschliche Beziehungen nicht allzu freimütig. Sogar öffentliches Händchenhalten wird mancherorts als anstößig empfunden. So legt man etwa in Ägypten den Straftatbestand des unsittlichen Verhaltens zum Teil sehr streng aus. Und bitten Sie Einheimische um Erlaubnis, bevor Sie sie fürs Urlaubsalbum ablichten.

Trinkgeld – gewusst wie

Wenn der Taxifahrer hilfsbereit und die Kellnerin im Restaurant zuvorkommend war, zeigt der höfliche Urlauber sich mit Trinkgeld erkenntlich. Doch was in dem einem Land als Anerkennung dankbar angenommen wird, gilt andernorts möglicherweise gar als Kränkung. So enttäuschen Sie etwa mit den bei uns üblichen fünf bis zehn Prozent jeden nordamerikanischen Servicebediensteten, der sich wegen seines vergleichsweise geringen Grundgehalts zwischen 15 und 20 Prozent „tip" erwartet. Wenn wie in den USA Trinkgeld eine tragende Säule des Verdienstes ist, stellt das Personal sich übrigens häufig mit Namen vor.

Auch beim Trinkgeld herrschen unterschiedliche Gepflogenheiten.

Während „Bakschisch" in Ägypten und der Türkei sich generell großer Beliebtheit erfreut, fühlen sich chinesische und japanische Dienstleister fernab großer Touristenzentren durch finanzielle Zuwendungen vor den Kopf gestoßen. Auch in weiten Teilen der Südsee verbietet das traditionelle Verständnis für Gastfreundschaft die Annahme von Trinkgeldern. Bereits westlicher geht es in Thailand und Malaysia zu, hier gelten wiederum weniger als zehn Baht als Affront.

Selbst die Gepflogenheiten im EU-Raum sind höchst unterschiedlich. Beispielsweise wird an einem englischen oder irischen Pub-Tresen kein Trinkgeld gegeben, sondern der Barkeeper gegebenenfalls mit einem Drink belohnt. In französischen und italienischen Cafés dagegen lässt man am besten einige Münzen auf dem Tisch oder dem Wechselgeldteller zurück. Und in Belgien und der Schweiz, wo der Restaurant-Service im Preis inbegriffen ist, fällt man durch eine kleine Extra-Aufmerksamkeit auch nicht negativ auf. Am bescheidensten zeigen sich die Dänen. Sie erwarten weder in der Gastronomie noch im Taxi Trinkgelder.

Unbedingt berücksichtigen sollten Reisende das Preisniveau ihres Urlaubslandes. So sind in osteuropäischen Staaten viele Dienstleistungen verglichen mit Österreich noch sehr günstig. Geraten Sie trotzdem nicht in Versuchung, ein außergewöhnlich hohes Trinkgeld zu geben. Denn besonders in ärmeren Regionen der Welt besteht die Gefahr, dass zu üppige Entlohnungen die Menschen beschämen und als Almosen missverstanden werden. Wer umgekehrt in reichen Staaten den Hotelboy mit einem 5-Cent-Stück bedenkt, darf sich über beleidigte Blicke und geringere Hilfsbereitschaft nicht wundern. Fürs Koffertragen machen Sie als aufmerksamer Gast halt besser doch einen Euro locker.

Strafrecht in Urlaubsländern

Damit ein schöner Urlaub kein unschönes Ende auf dem Polizeirevier oder gar im Gefängnis nimmt, finden Sie im Folgenden einige Beispiele. Doch Vorsicht, die Liste ist lediglich eine kleine Orientierungshilfe und keinesfalls vollständig.

Bestehen Sie im Falle einer Verhaftung immer auf Ihrem Recht, dass die zuständige österreichische Auslandsvertretung informiert wird. Die Konsulate können zwar nicht in die Befugnisse eines anderen Staates eingreifen – also weder Ihre Freilassung anordnen noch Ihre Verteidigung übernehmen – aber sie können Sie immerhin unterstützen, einen geeigneten Rechtsbeistand zu finden.

Österreichische Auslandvertretungen unterstützen im Falle einer Verhaftung.

Darauf sollten Sie achten

Bulgarien	Das Fotografieren von militärischen Anlagen und Anlagen von strategischer Bedeutung ist verboten.
Griechenland	Es besteht ebenfalls ein Fotografierverbot von militärischen und wichtigen zivilen Anlagen wie Flug- oder Schiffshäfen. Wildes Campen wird mit einer hohen Geldstrafe oder gar mit Gefängnis geahndet. Die Entfernung von archäologischen Fundstücken kann in schweren Fällen eine mehrjährige Haftstrafe nach sich ziehen.
Italien	Die Guardia di Finanza ist ermächtigt, Rechnungen nach Restaurantbesuchen oder Einkäufen zu kontrollieren. Daher immer eine Rechnung verlangen und aufbewahren. Für Minderjährige unter 14 Jahren gilt auf Schipisten Helmpflicht. Bei Unterlassung droht eine Geldstrafe oder der Ausschluss von der Liftbenutzung.
Kroatien	In Tourismusorten wird der Aufenthalt von insgesamt mehr als 15 Personen, die nicht der engeren Familie angehören, in Ferienhäusern und -wohnungen im Zeitraum vom 15. 6. bis 15. 9. als gewerbliche Unterkunftsleistung erachtet. Bei Zuwiderhandeln kann es zu einer behördlichen Versiegelung des Hauses bzw. der Wohnung oder zur Verhängung einer Geldstrafe kommen.

Schweden	Das Waffengesetz verbietet das Führen von Tränengassprays. Zuwiderhandlungen werden unter Umständen mit einer bis zu einjährigen Haftstrafe geahndet.
Thailand	Ausländer unterliegen einer Passpflicht – sie müssen sich überall ausweisen können. Auf Suchtmitteldelikte stehen strengste Strafen, selbst lebenslange Haft oder die Todesstrafe wird auch bei Ausländern vollstreckt. Die Verfahrensregeln vor Gericht sind mit europäischen Verhältnissen nicht vergleichbar, die Haftbedingungen besonders hart. Einen schweren Straftatbestand stellt Geschlechtsverkehr mit Personen unter 18 Jahren dar, auch wenn deren Zustimmung vorlag. In Thailand begangener Kindesmissbrauch wird in Österreich strafrechtlich verfolgt.
Tunesien	Drogenkonsum, Homosexualität und unzüchtige Handlungen in der Öffentlichkeit werden besonders hart bestraft.
Türkei	„Kultur- und Naturgüter" gelten als staatliches Eigentum. Wer etwa Antiquitäten, alte Münzen oder Fossilien kauft oder mitnimmt, riskiert eine Haftstrafe.
USA	Strengere strafrechtliche Bestimmungen gelten unter anderem in folgenden Bereichen: Rauschmittel, Alkoholgenuss in der Öffentlichkeit, sexuelle Handlungen an Minderjährigen, unerlaubte Aufenthaltsverlängerung, Arbeiten ohne Arbeitserlaubnis sowie in einigen Bundesstaaten Prostitution, Verletzung der elterlichen Aufsichtspflicht und Nacktbaden (selbst von Kleinkindern). Das Nichtzahlen von Strafzetteln für falsches Parken oder überhöhte Geschwindigkeit kann Schwierigkeiten bei künftigen Einreisen nach sich ziehen. Verkehrsdelikte wie Alkohol am Steuer werden mit Gefängnisstrafen geahndet.
Zypern	Nackt- und Oben-ohne-Baden sowie die Entblößung intimer Körperstellen in der Öffentlichkeit sind verboten.

Service

Adressen

Stichwortverzeichnis

Adressen

Auf den nächsten Seiten finden Sie Adressen, Telefonnummern und Links von Fremdenverkehrsämtern, österreichischen Vertretungsbehörden im Ausland sowie eine Auswahl an Tropeninstituten. Das Beratungsangebot des Vereins für Konsumenteninformation (VKI) sowie wichtige Rufnummern und ein Stichwortverzeichnis zum schnellen Auffinden von Detailinformationen ergänzen unser ausführliches Serviceangebot.

Verein für Konsumenteninformation – VKI

Beratung für Wien und ganz Österreich

Konsumententelefon
Unsere Expertenhotline für Rat und Hilfe bei Reklamationen und Beschwerden.
Montag bis Freitag von 9 bis 15 Uhr
Für Anrufe aus ganz Österreich Tel. 0900 910 024 (Kostenbeitrag max. € 0,68/min).
Für Anrufe aus dem Festnetz in Wien und Umgebung Tel. 0900 900 024 (Kostenbeitrag max. € 0,45/min).

Persönliche Beratung in Wien
In komplizierten Fällen ist eine persönliche Beratung (Kostenbeitrag € 10) unerlässlich. Vereinbaren Sie einen Termin unter Tel. 01 588 77-0,
Montag bis Freitag 9 bis 16 Uhr.
Unsere Adresse: Mariahilferstraße 81, 1060 Wien

VKI Europäisches Verbraucherzentrum – EVZ
Das Europäische Verbraucherzentrum Österreich wird vom Verein für Konsumenteninformation betreut. Es ist Ihre Hotline für grenzüberschreitende Konsumentenprobleme. Tel. 0810 810 225 (Kostenbeitrag € 0,0676/min)
Wenn Sie im Ausland sind, können Sie auch das Europäische Verbraucherzentrum Ihres Aufenthaltslandes kontaktieren. Vollständige Auflistung auf www.ecc.net

Beratung in Tirol

Konsumententelefon
Unsere Beratungsstelle in Innsbruck steht für telefonische und persönliche Auskünfte zur Verfügung. Montag bis Donnerstag von 8 bis 12 Uhr, Tel. 0512 58 68 78.
Für eine ausführliche persönliche Beratung vereinbaren Sie bitte einen Termin ebenfalls unter Tel. 0512 58 68 78.
Unsere Adresse: Maximilianstraße 9, 6020 Innsbruck

VKI Europäisches Verbraucherzentrum – EVZ
Außenstelle Innsbruck
Hier bekommen Sie Unterstützung bei grenzüberschreitenden Konsumentenproblemen.
Montag bis Donnerstag von 8 bis 12 Uhr, Tel. 0512 58 68 78.
Unsere Adresse: Maximilianstraße 9, 6020 Innsbruck
Wenn Sie im Ausland sind, können sie auch das Europäische Verbraucherzentrum Ihres Aufenthaltslandes kontaktieren. Vollständige Auflistung auf www.ecc-net.info

Webadressen für Konsumenten
www.konsument.at
Das Testmagazin Konsument des Vereins für Konsumenteninformation. Hier finden Sie aktuelle Tests zu Waren und Dienstleistungen wie z.B. Reiseversicherungen.

www.verbraucherrecht.at
Alles aus dem Bereich Recht der Vereins für Konsumenteninformation.
www.europakonsument.at
Das Europäische Verbraucherzentrum Österreichs.
www.ecc-net.info
Das Netzwerk der Europäischen Verbraucherzentren.

Fluggastrechte-Servicestelle
Bundesministerium für Verkehr, Innovation und Technologie
Montag bis Donnerstag von 9 bis 12 Uhr
Adresse: Radetzkystraße 2, 1030 Wien
Tel. 01 71162-659204
Fax 01 71162-659699
E-Mail: fluggastrechte@bmvit.gv.at
Internet: http://www.bmvit.gv.at/verkehr/luftfahrt/fluggastrechte.html

Notrufnummern

Österreichisches Außenministerium
Für Notfälle im Ausland hat das Außenministerium folgende Notrufnummer in Österreich eingerichtet:
+43 50 11 50-4411 (oder +43 1 90 11 5-4411)
Eine E-Mail können Sie an die Adresse post@beima.gv.at richten.

Euronotruf
Der Euronotruf ist die kostenlose, EU-weite Notrufnummer **112** und gilt in allen Ländern der EU sowie auf Island, in Liechtenstein, Norwegen und der Schweiz. Unter dieser Rufnummer ist eine Leitstelle zu erreichen, die je nach Notfall die zuständigen Organisationen wie Polizei, Rettung oder Feuerwehr alarmiert. Neben dem Euronotruf sind die lokalen Notrufnummern meist weiterhin gültig. Diese Infos müssen Sie bei einem Anruf parat haben:

Wo ist der Notfall?	z.B. Kilometerstein, Adresse, Zufahrtswege
Was ist geschehen?	z.B. 1 Auto mit 3 Insassen brennt, Massenkarambolage
Wie viele Verletzte?	z.B. 2 Verletzte nach Autounfall
Wer ruft an?	eigener Name, Telefonnummer für Rückfragen

Fremdenverkehrsämter in Österreich

Ägyptisches Fremdenverkehrsamt
Opernring 3/3/301-303, 1010 Wien
Tel. 01 587 66 33 Fax 01 587 66 34
E-Mail: info.at@egypt.travel www.egypt.travel

British Council
Siebensterngasse 21, 1070 Wien
Tel. 01 533 26 16 Fax 01 533 26 16-85
E-Mail: bc.vienna@britishcouncil.at www.britishcouncil.org/de/austria.htm

Deutsche Zentrale für Tourismus
Schubertring 12, 1010 Wien
Tel. 01 513 27 92 Fax 01 513 27 92-22
E-Mail: deutschland.reisen@d-z-t.com www.deutschland-tourismus.at

Tourismuswerbung Flandern-Brüssel
Mariahilfer Straße 121b, 1060 Wien
Tel. 01 596 06 60 Fax 01 596 06 95
E-Mail: office@flandern.at www.flandern.at

Französisches Fremdenverkehrsamt
Maison de la France
Lugeck 1-2/1/7, 1010 Wien
E-Mail: info.at@franceguide.com www.franceguide.com

Griechische Zentrale für Fremdenverkehr
Opernring 8, 1010 Wien
Tel. 01 512 53 17-0 Fax 01 513 91 89
E-Mail: grect@vienna.at www.gnto.gr

Irische Fremdenverkehrszentrale
Argentinierstraße 2/4, 1040 Wien
Tel. 01 581 89 22-70 Fax 01 585 36 30-88
E-Mail: kauer@tourismireland.com www.entdeckeirland.at

Italienische Zentrale für Tourismus ENIT
Kärntner Ring 4, 1010 Wien
Tel. 01 505 16 39 Fax 01 505 02 48
E-Mail: info@enit.at, delegation.wien@enit.at www.enit.at

Kroatische Zentrale für Tourismus
Am Hof 13, 1010 Wien
Tel. 01 585 38 84 Fax 01 585 38 84-20
E-Mail: office@kroatien.at http://at.croatia.hr

Fremdenverkehrsamt Malta
Opernring 1/E/3, 1010 Wien
Tel. 01 585 37 70 Fax 01 585 37 71
E-Mail: corinna.ziegler@urlaubmalta.com www.maltaurlaub.at

Polnisches Fremdenverkehrsamt
Lerchenfelder Strasse 2, 1080 Wien
Tel. 01 524 71 91
E-Mail: wien@pot.gov.pl www.polen.travel/de-at/

Portugiesische Handelsdelegation und Tourismuszentrum
Opernring 1, 1010 Wien
Tel. 01 585 44 50
E-Mail: aicep.vienna@portugalglobal.pt www.icep.pt

Rumänisches Fremdenverkehrsamt
Währinger Straße 6-8, 1090 Wien
Tel. 01 317 31 57 Fax 01 317 31 57-4
E-Mail: rumaenien@aon.at www.rumaenien-info.at

Schweiz Tourismus
Neuer Markt 4, Postfach 34, 1015 Wien
Tel. 00800 100 200 30 (gratis) Fax 00800 100 200 31 (gratis)
E-Mail: info@myswitzerland.com www.myswitzerland.com

Slowenisches Tourismusbüro
Opernring 1/R/4/447, 1010 Wien
Tel. 01 715 40 10 Fax 01 713 81 77
E-Mail: info@slovenia.info www.slovenia.info

Spanisches Fremdenverkehrsamt
Walfischgasse 8/14, 1010 Wien
Tel. 01 512 95 80 Fax 01 512 95 81
E-Mail: viena@tourspain.es www.tourspain.at

Thailändisches Fremdenverkehrsamt
Heumühlgasse 3, 1040 Wien
Tel. 01 585 24 20 Fax 01 585 23 44
E-Mail: peter.herold@chello.at http://tourismusthailand.at/

Tunesisches Fremdenverkehrsamt
Opernring 1/R/109, 1010 Wien
Tel. 01 585 34 80 Fax 01 585 35 80-18
E-Mail: office@tunesieninfo.at www.tunesien-info.at

Türkische Botschaft, Informationsabteilung für Kultur und Fremdenverkehr
Singerstraße 2/8, 1010 Wien
Tel. 01 512 21 28 Fax 01 513 83 26
E-Mail: office@turkinfo.at www.turkinfo.at

Ungarisches Tourismusamt
Opernring 1/R/707, 1010 Wien
Tel. 00800 36 00 00 00 (Infotelefon kostenlos nach Ungarn)
0900 22 00 13 (Infotelefon kostenpflichtig in Österreich) Fax 01 585 20 12-15
E-Mail: ungarninfo@ungarn-tourismus.at www.ungarn-tourismus.at

Zypern Tourismus
Parkring 20, 1010 Wien
Tel. 01 513 18 70 Fax 01 513 18 72
E-Mail: office@zyperntourismus.at www.visitcyprus.com

Auswahl österreichischer Vertretungsbehörden im Ausland

Ägypten – **Botschaft Kairo**
El Nile Street/Corner 5, Wissa Wassef Street, 5th Floor, Riyadth-Tower, Giza, 11111 Kairo
Tel. +20 2 3570 29 75 (Amt) +20 2 09000678 (Visaanträge - Terminvereinbarungen)
+20 2 2102 (Visaanträge - Terminvereinbarungen) Fax +20 2 3570 29 79 (Amt)
E-Mail: kairo-ob@bmeia.gv.at www.austriaegypt.org

Albanien – **Botschaft Tirana**
Rruga Frederik Shiroka Nr. 3, Tirana
Tel. +355 4 274 855 (Amt), +355 4 274 856 (Amt) Fax +355 4 233 140
E-Mail: tirana-ob@bmeia.gv.at

Algerien – **Botschaft Algier**
17, Chemin Abdel kader Gadouche, 16035 Hydra
Tel. +213 21 69 10 86 (Amt), +213 21 69 10 34 (Amt), +213 21 69 10 91 (Amt), +213 21 69 11 34 (Amt) Fax +213 21 69 12 32
E-Mail: algier-ob@bmeia.gv.at

Argentinien – **Botschaft Buenos Aires**
Calle French 3671, 1425 Buenos Aires
Tel. +54 11 4807 9185 (Amt), 54 11 4807 9186 (Amt) Fax +54 11 4805 4016
E-Mail: buenos-aires-ob@bmeia.gv.at

Australien – **Botschaft Canberra**
12 Talbot Street, Forrest, ACT 2603
Postanschrift: P.O.B. 3375, Manuka, ACT 2603
Tel. +61 2 6295 1533 (Amt), +61 2 6295 1376 (Amt) Fax +61 2 6239 6751
E-Mail: canberra-ob@bmeia.gv.at

Belgien – **Botschaft Brüssel**
Place du Champ de Mars 5, bte 5, B 1050 Brüssel
Tel. +32 2 2890-700 (Amt) Fax +32 2 513 66 41
E-Mail: bruessel-ob@bmeia.gv.at www.aussenministerium.at/bruessel

Brasilien – **Botschaft Brasilia**
SES (Setor de Embaixadas Sul), Av. das Nacoes, Quadra 811 - Lote 40,
70426-900 Brasilia DF
Tel. +55 61 3443 3421 (Amt), +55 61 3443 3231 (Amt), +55 61 3443 3111 (Amt),
+55 61 3443 3373 (Amt) Fax +55 61 3443 5233
E-Mail: brasilia-ob@bmeia.gv.at www.aussenministerium.at/brasilia

Bulgarien – **Botschaft Sofia**
Boulevard Zar Oswoboditel 13/Ulica Schipka 4, BG 1000 Sofia
Tel. +359 2 932 90 32 (Amt) Fax +359 2 981 05 67
E-Mail: sofia-ob@bmeia.gv.at

Chile – **Botschaft Santiago de Chile**
Barros Errazuriz 1968, 3 piso, Santiago de Chile
Tel. +56 2 223 47 74 (Amt), +56 2 223 42 81 (Amt), +56 2 274 15 90 (Amt)
Fax +56 2 204 93 82
E-Mail: santiago-de-chile-ob@bmeia.gv.at

China – **Botschaft Peking**
Jian Guo Men Wai, Xiu Shui Nan Jie 5, 100600 Peking
Tel. +86 10 653 22 061 (Amt), +86 10 653 22 062 (Amt) Fax +86 10 653 21 505
E-Mail: peking-ob@bmeia.gv.at www.aussenministerium.at/peking

Deutschland – **Botschaft Berlin**
Stauffenbergstraße 1, D 10785 Berlin
Tel. +49 30 202 87-0 (Amt), +49 30 269 34 28-0 (Konsularabteilung)
Fax +49 30 229 05 69
E-Mail: berlin-ob@bmeia.gv.at
www.oesterreichische-botschaft.de, www.aussenministerium.at/berlin

Dominikanische Republik – **Honorargeneralkonsulat Santo Domingo**
Calle Gral. Román Franco Bidó No. 11, Ensanche Bella Vista, Santo Domingo
Postanschrift: Apartado Postal 1333, Santo Domingo
Tel. +1 809 947 78 88 Fax +1 809 532 56 03
E-Mail: cdo.austria@codetel.net.do www.cdo-austria.org.do

Frankreich – Botschaft Paris
6, Rue Fabert, F 75007 Paris
Tel. +33 1 40 63 30-63 (Amt) Fax +33 1 45 55 63 65 (Amt)
E-Mail: paris-ob@bmeia.gv.at
www.amb-autriche.fr, www.aussenministerium.at/paris

Griechenland – Botschaft Athen
4, Vass. Sofias, GR 10674 Athen
Tel. +30 210 725 72-70 (Amt) Fax +30 210 725 72 92
E-Mail: athen-ob@bmeia.gv.at www.aussenministerium.at/athen

Indien – Botschaft New Delhi
Ep-13, Chandergupta Marg, Chanakyapuri, New Delhi 110021
Tel. +91 11 26 88 90 50 (Amt), +91 11 26 88 90 49 (Amt), +91 11 26 88 90 39 (Amt),
+91 11 26 88 90 37 (Amt) Fax: +91 11 26 88 69 29
E-Mail: new-delhi-ob@bmeia.gv.at www.aussenministerium.at/newdelhi

Irland – Botschaft Dublin
15, Ailesbury Court Apartments, 93, Ailesbury Road, Dublin 4
Tel. +353 1 269 45 77 (Amt), +353 1 269 14 51 (Amt),
+353 1 269 41 15 (Amt) Fax +353 1 283 08 60
E-Mail: dublin-ob@bmeia.gv.at

Italien – Botschaft Rom
Via Pergolesi 3, I 00198 Rom
Tel. +39 06 844 014-1 (Amt) Fax +39 06 854 32 86 Amt
E-Mail: rom-ob@bmeia.gv.at www.aussenministerium.at/rom, www.austria.it

Japan – Botschaft Tokio
1-1-20 Moto Azabu, Minato-ku, Tokyo 106-0046
Tel. +81 3 34 51 82 81 (Amt) Fax +81 3 34 51 82 83
E-Mail: tokio-ob@bmeia.gv.at www.aussenministerium.at/tokio

Kanada – Botschaft Ottawa
445 Wilbrod Street, Ottawa, Ontario K1N 6M7
Tel. +1 613 789 14 44 (Amt) Fax +1 613 789 34 31
E-Mail: ottawa-ob@bmeia.gv.at www.aussenministerium.at/ottawa, www.austro.org

Kenia – Botschaft Nairobi
2nd floor, City House, Corner Wabera Street/Standard Street, Nairobi
Postanschrift: P.O.B. 30560, 00100 Nairobi
Tel. +254 20 31 90 76 (Amt), +254 20 31 90 77 (Amt),
+254 20 31 90 78 (Amt) Fax +254 20 34 22 90
E-Mail: nairobi-ob@bmeia.gv.at www.aussenministerium.at/nairobi

Kroatien – Botschaft Agram
Jabukovac 39, HR 10000 Agram
Tel. +385 1 488 10 50 (Amt), +385 1 488 10 51 (Amt), +385 1 488 10 52 (Amt),
+385 1 488 10 53 (Amt), +385 1 488 10 54 (Amt) Fax +385 1 483 44 61
E-Mail: agram-ob@bmeia.gv.at

Malta – Botschaft Valletta
Whitehall Mansions, 3rd floor, Ta Xbiex Seafront, Ta Xbiex, XBX 1026, Malta
Tel. +356 23 27 90 00 (Amt) Fax +356 21 31 74 30
E-Mail: valletta-ob@bmeia.gv.at

Marokko – **Botschaft Rabat**
2 Zankat Tiddas, Rabat, Postanschrift: BP 135, Rabat
Tel. +212 37 76 40 03 (Amt), +212 37 76 16 98 (Amt),
+212 37 66 06 54 (Amt) Fax +212 37 76 54 25
E-Mail: rabat-ob@bmeia.gv.at

Mexiko – **Botschaft Mexiko**
Sierra Tarahumara 420, Colonia Lomas de Chapultepec, 11000 Mexico, D.F.
Postanschrift: Apdo. Postal No. 10850, 11002 Mexico D.F.
Tel. +52 55 52 51 08 06 (Amt) Fax +52 55 52 45 01 98
E-Mail: mexiko-ob@bmeia.gv.at
www.aussenministerium.at/mexiko, www.embajadadeaustria.com.mx

Niederlande – **Botschaft Den Haag**
van Alkemadelaan 342, 2597 AS Den Haag
Postanschrift: Postbus 96855, 2509 JG Den Haag
Tel. +31 70 324 54 70 (Amt) Fax +31 70 328 20 66
E-Mail: den-haag-ob@bmeia.gv.at www.aussenministerium.at/denhaag

Norwegen – **Botschaft Oslo**
Thomas Heftyes Gate 19–21, N 0244 Oslo
Tel. +47 22 54 02-00 (Amt) Fax +47 22 55 43 61
E-Mail: oslo-ob@bmeia.gv.at

Polen – **Botschaft Warschau**
ul Gagarina 34, 00-748 Warschau
Tel. +48 22 841 00 81 (Amt), +48 22 841 00 82 (Amt),
+48 22 841 00 83 (Amt), +48 22 841 00 84 (Amt) Fax +48 22 841 00 85
E-Mail: warschau-ob@bmeia.gv.at
www.aussenministerium.at/warschau, www.ambasadaaustrii.pl

Portugal – **Botschaft Lissabon**
Avenida Infante Santo, Nr. 43/4.Stock, 1399-046 Lissabon
Tel. +351 21 394 39-00 (Amt) Fax +351 21 395 82 24
E-Mail: lissabon-ob@bmeia.gv.at

Schweiz– **Botschaft Bern**
Kirchenfeldstrasse 77/79, CH 3005 Bern, Postanschrift: Postfach 266, 3000 Bern 6
Tel. +41 31 3565 252 (Amt), +41 31 3565 251 (Amt) Fax +41 31 3515 664 (Amt)
E-Mail: bern-ob@bmeia.gv.at www.aussenministerium.at/bern

Slowenien – **Botschaft Laibach**
Presernova cesta 23, SI 1000 Ljubljana
Tel. +386 1 479 07 00 (Amt) Fax +386 1 252 17 17 (Amt)
E-Mail: laibach-ob@bmeia.gv.at www.aussenministerium.at/laibach

Spanien– **Botschaft Madrid**
Paseo de la Castellana 91, 28046 Madrid
Tel. +34 91 55 65 315 (Amt), +34 91 55 65 403 (Amt), +34 91 55 65 504 (Amt),
+34 91 55 65 605 (Amt) Fax +34 91 59 73 579
E-Mail: madrid-ob@bmeia.gv.at www.aussenministerium.at/madrid

Südafrika – **Botschaft Pretoria**
1109, Duncan Street, Brooklyn, Pretoria 0181
Postanschrift: P.O.Box 95572, Waterkloof 0145
Tel. +27 12 45 29 155 (Amt) Fax +27 12 46 01 151
E-Mail: pretoria-ob@bmeia.gv.at www.aussenministerium.at/pretoria

Thailand – **Botschaft Bangkok**
14, Soi Nandha, off Soi 1, Sathorn Tai Road, Bangkok 10120
Postanschrift: P.O.Box 1155 Suan Plu, Bangkok 10121
Tel. +66 2) 303 60 57 (Amt), +66 2 303 60 58 (Amt),
+66 2 03 60 59 (Amt) Fax +66 2 287 39 25
E-Mail: bangkok-ob@bmeia.gv.at

Tunesien – **Botschaft Tunis**
16, rue Ibn Hamdis, El Menzah I, 1004 Tunis
Postanschrift: BP 23, El Menzah I, 1004 Tunis
Tel. +216 71 75 10 91 (Amt), +216 71 75 10 94 (Amt),
+216 71 76 73 85 (Amt) Fax +216 71 76 78 24
E-Mail: tunis-ob@bmeia.gv.at

Türkei – **Botschaft Ankara**
Atatürk Bulvari 189, 06680 Ankara
Postanschrift: P.K. 131, TR 06661 Ankara-Kücükesat
Tel. +90 312 405 51 90 (Amt), +90 312 405 51 91 (Amt), +90 312 405 51 92 (Amt),
+90 312 405 51 93 (Konsulat), +90 312 405 51 94 (Konsulat) Fax +90 312 418 94 54
E-Mail: ankara-ob@bmeia.gv.at www.aussenministerium.at/ankara

Ungarn – **Botschaft Budapest**
Benczúr utca 16, 1068 Budapest
Tel. +36 1 479 70 10 (Amt) Fax (+36/1) 352 87 95
E-Mail: budapest-ob@bmeia.gv.at
www.aussenministerium.at/budapest, www.austrian-embassy.hu

Vereinigte Staaten – **Botschaft Washington D. C.**
3524 International Court N.W., Washington D.C. 20008
Tel. +1 202 895 67 00 (Amt) Fax +1 202 895 67 50 (Amt)
E-Mail: washington-ob@bmeia.gv.at

Generalkonsulat New York
31 East 69th Street, New York, N.Y. 10021
Tel. +1 212 737 6400 (Amt) Fax +1 212 772 8926, +1 212 585 1992
E-Mail: new-york-gk@bmeia.gv.at, info@austria-ny.org
www.aussenministerium.at/newyorkgk, www.austria-ny.org

Generalkonsulat Los Angeles
11859 Wilshire Boulevard, Suite 501, Los Angeles, California 90025
Tel. +1 310 44 49 310 (Amt) Fax +1 310 47 79 897
E-Mail: los-angeles-gk@bmeia.gv.at
www.aussenministerium.at/losangeles, www.austria-la.org

Vereinigtes Königreich – **Botschaft London**
18, Belgrave Mews West, London SW1X 8HU
Tel. +44 20 7344 3250 (Amt) Fax +44 20 7344 0292
E-Mail: london-ob@bmeia.gv.at www.aussenministerium.at/london

Zypern – **Botschaft Nicosia**
34, Dimosthenous Severi Avenue, 1st Floor, Office 101, 1080 Nicosia
Postanschrift: P.O.B. 23961, 1687 Nicosia
Tel. +357 22 41 01 51 Fax +357 22 68 00 99
E-Mail: nicosia-ob@bmeia.gv.at

Auswahl einiger Tropeninstitute in Österreich

Burgenland
Landessanitätsdirektion Burgenland
Europaplatz 1, 7000 Eisenstadt
Tel. 02682 600-2678
www.burgenland.at

Kärnten
Amt der Kärntner Landesregierung – Abteilung Gesundheit
Reisemedizinische Beratungsstelle
Hasnerstraße 8, 9020 Klagenfurt
Tel. 050 536 31202
E-Mail: post.abt12@ktn.gv.at http://www.verwaltungsakademie.ktn.gv.at

Niederösterreich
Magistrat der Landeshauptstadt St. Pölten Abt. V – Zentrum für Reisemedizin
Rathausplatz 1, 3100 St. Pölten
Tel. 02742 333-2512
www.st-poelten.gv.at

Oberösterreich
Landessanitätsdirektion Oberösterreich – Reisemedizinische Beratungsstelle
Bahnhofplatz 1, 4021 Linz
Tel. 0732 7720-14201 Fax 0732 7720-21 43 55
E-Mail: ges.post@ooe.gv.at www.land-oberoesterreich.gv.at

Travelmedcenter Leonding
Hochstraße 6a , 4060 Leonding
Tel. 0732 67 05 80 Fax 0732 67 05 80 64
E-Mail: leonding@travelmed.at www.travelmed.at

Salzburg
Landessanitätsdirektion Salzburg
Sebastian-Stiefgasse 2, 5020 Salzburg
Tel. 0662 8042-2310 Fax 0662 8042-3071
www.salzburg.gv.at

Magistrat der Landeshauptstadt Salzburg – Gesundheitsamt
Schwarzstraße 44, 5024 Salzburg
Tel. 0662 8072-4823 (4815) Fax 0662 8072-4830
E-Mail: gesundheitsamt@stadt-salzburg.at www.stadt-salzburg.at

Steiermark
Landessanitätsdirektion Steiermark – Gesundheitsamt
Friedrichgasse 9, 8010 Graz
Tel. 0316 877-3535 Fax 0316 877-3555
E-Mail: fa8b@stmk.gv.at www.verwaltung.steiermark.at

Tirol
Landessanitätsdirektion Tirol
Eduard Wallnöfer-Platz 3, 6020 Innsbruck
Tel. 0512 508-2662 Fax 0512 508-2665
E-Mail: sanitaetsdirektion@tirol.gv.at www.tirol.gv.at

Gemeinschaftspraxis für Reisemedizin
Franz-Fischer-Straße 7b, 6020 Innsbruck
Tel. 0512 56 78 78
E-Mail: praxis@reise-medizin.at www.reise-medizin.at

Vorarlberg
Amt der Landesregierung Vorarlberg – Gesundheitsdienst
Landhaus, 6901 Bregenz
Tel. 05574 511-24405 Fax 05574 511-924495
E-Mail: gesundheitsdienst@vorarlberg.at www.vorarlberg.at

Wien
Magistratsabteilung 15 – Impfservice und reisemedizinische Beratung
Thomas-Klestil-Platz 8/2, 1030 Wien
Tel. 01 4000-87621
E-Mail: webservice@ma15.wien.gv.at www.wien.gv.at/ma15/

Traveldoc – Reisemedizinisches Zentrum
Favoritenstrasse 32, 1040 Wien
Tel. 01 505 64 46 Fax 01 907 82 25
E-Mail: office@traveldoc.at www.traveldoc.at

Institut für Reise- und Tropenmedizin
Lenaugasse 19, 1080 Wien
Tel. 01 402 68 61-0 Fax 01 402 68 61-30
E-Mail: info@tropeninstitut.at www.tropeninstitut.at

Zentrum für Reisemedizin
Zimmermanngasse 1a, 1090 Wien
Tel. 01 403 83 43 Fax 01/4038343 10
E-Mail: reisemedizin@gmail.com www.reisemed.at

Impfzentrum Nord
Kratochwjlestraße 12/1, 1220 Wien
Tel. 01 263 52 00 Fax 01 263 52 00-6
E-Mail: f.ambrosch@impfzentrum.at www.impfzentrum.at

Medical Center am Flughafen Wien
Ebene 0 (Ankunftsebene), 1300 Wien-Flughafen
Tel. 01 7007-22245 (22299)
E-Mail: medical-center@viennaairport.com www.viennaairport.com

A
Ärzte, im Ausland 111 f.
Autoapotheke 65 f.

B
Betreuungsleistungen 30, 38 ff.
Buchung 13 ff., 31, 46, 68, 78
, Online 16 ff., 62
Buchungs
-bestätigung 15, 19, 75
-schein 78

D
Deckungssummen 23 ff., 64, 100
Durchfallserkrankungen 112

E
e-card 96 ff.
EU-Fluggastrechte-Verordnung 31 ff.

F
Flug
-annullierung 35 ff.
-gepäck 50 ff.
-reise 29 ff.
-verspätung 39 ff.

H
Handgepäck 51, 54 ff.
Hotelverpflegung 79, 85, 113

I
Impfschutz 102 ff.
Individualreise 14 f.
Infektionskrankheiten 102 ff.

K
Krankenversicherungskarte, Europäische 96 ff.
Kompetenz
, interkulturelle 118

L
Langstreckenflüge 106 f.
Liste
, Frankfurter 40, 82 ff.
, Schwarze 31, 45
Luftfahrtunternehmen
, vertragliches 30
, ausführendes 30

M
Maturareisen 79 f.
Mietwagen 61 ff.
-unternehmen 14, 62
Musterbrief
, Flugannullierung 48
, Flugverspätung 49
, Nichtbeförderung 47
, Preisminderung 89
, Schadenersatz 113

N
Nachsendeauftrag 27
Nichtbeförderung 31 ff.

P
Pauschalreise 14, 30, 40, 67 ff.
-richtlinie 14, 17
Preisminderung 39, 40, 81 ff.
Prospektwahrheit 69, 80, 88

R
Reise
-apotheke 115 f.
-katalog 10, 15, 68 f., 78, 80
-krankheit 108 ff.
-mängel 80 ff.
-portale 16 f.
-thrombose 107 f.
Reiseversicherung 26, 56, 96, 101 f.
, Gepäckversicherung 21, 24 f.
, Kaskoversicherung 58 f.
, Krankenversicherung 23, 96, 99 ff.
, Rücktrittsversicherung 75
, Stornoversicherung 21 f., 80
, Unfallversicherung 23 f.
Reisewarnung 92 ff.
Reklamation 17, 38, 62, 80 ff.
Rücktritt 17, 22, 77, 88, 92

S
Schadenersatz 37, 40, 52, 68, 90 f.
Schmerzensgeld 90, 91, 115
Schutzimpfungen 102 ff.
Sicherheitsrisiko 91 ff.
Sicherungsschein 74 ff., 88
Sonderangebot 78 f.
Strafrecht, in Urlaubsländern 121 f.

T
Terroranschläge 91 ff.
Trinkgeld 119 f.

U
Umbuchung 16, 18, 33, 78 f., 94
Unfall, im Ausland 60 f.
Unterstützungsleistungen 43 f.
Urlaubsfreuden
, entgangene 68, 90, 115

V
Versicherungskarte
, Grüne 58

W
Warn
-dreieck 64 f.
-weste 64

Z
Zusatzversicherung 64, 100

Aus dem Inhalt

Richtig anwenden	Tabletten, Tropfen, Säfte, Salben, Spritzen & Co.
Sicherheit	Wechselwirkungen und Unverträglichkeiten
Alles eins?	Originalpräparate, Generika, Biologicals
Altersfrage	Richtige Dosis bei Kindern und Senioren
Reisen	Zeitverschiebung, Zollprobleme

Mit Arzneimitteln auf Reisen zu gehen, ist manchmal reichlich kompliziert. Schon ein harmloser Hustensaft kann Probleme beim Zoll verursachen, weil er bei den Grenzern auf der Suchtgiftliste steht. Und Injektionsspritzen und Nadeln machen nicht nur Zoll-, sondern auch Polizeibeamte misstrauisch. Wirklich gravierend für viele Patienten ist aber das Problem der Zeitverschiebung bei weiten Distanzen. Dadurch kommt nämlich nicht nur der eigene Biorhythmus durcheinander, sondern auch die ausgetüftelten Einnahmepläne. Wie Sie die Medikamenteneinnahme in den Griff bekommen und was Sie insgesamt tun müssen, damit ein Präparat optimal wirkt, zeigt Ihnen dieser Ratgeber.

ISBN 978-3-902273-80-2
2008, 136 Seiten, brosch., € 14,90

Weitere „Konsument"-Ratgeber
im Buchhandel oder im Online-Shop auf www.konsument.at